IL VANGELO SECONDO ALEX

"Filosofia e Identità in Arancia Meccanica"

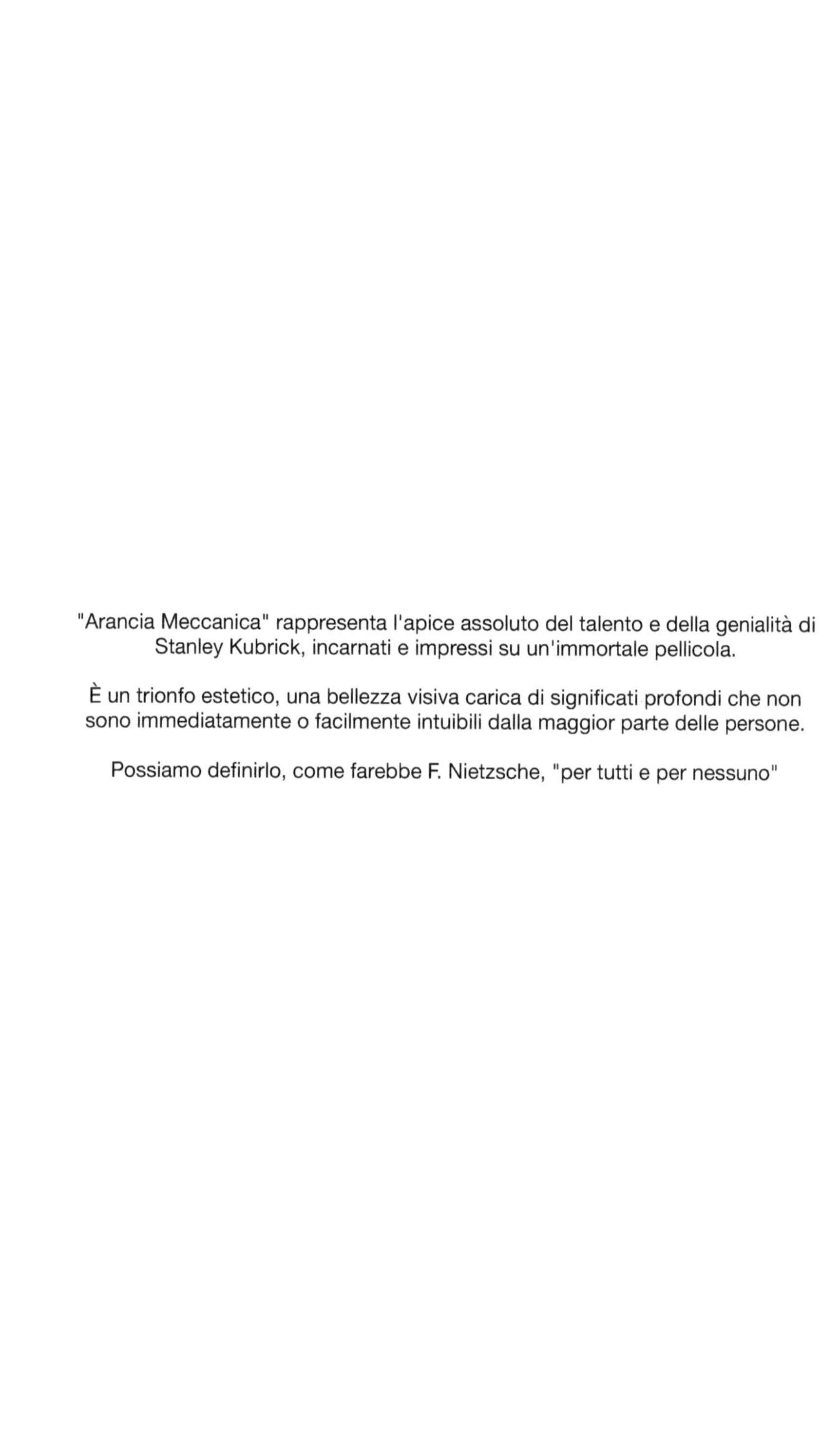

"Arancia Meccanica" rappresenta l'apice assoluto del talento e della genialità di Stanley Kubrick, incarnati e impressi su un'immortale pellicola.

È un trionfo estetico, una bellezza visiva carica di significati profondi che non sono immediatamente o facilmente intuibili dalla maggior parte delle persone.

Possiamo definirlo, come farebbe F. Nietzsche, "per tutti e per nessuno"

ARANCIA MECCANICA

"Arancia Meccanica" di Anthony Burgess è un romanzo distopico pubblicato nel 1962. Ambientato in un futuro prossimo, il libro presenta una società violenta e oppressiva in cui il giovane protagonista, Alex, è il leader di una banda di teppisti. La narrazione si sviluppa intorno ai temi della violenza, della manipolazione e dell'identità individuale.

La storia si svolge in un contesto in cui il governo e la società cercano di controllare e manipolare le menti attraverso tecniche di condizionamento comportamentale. Alex, affascinato dalla violenza e dalla musica classica, diventa un esempio emblematico di questa società corrotta. Il romanzo esplora i conflitti interni di Alex, le sue scelte morali e la sua lotta per la libertà e la redenzione.

Attraverso uno stile narrativo ricco di neologismi e di un linguaggio innovativo, Burgess ci presenta una visione oscura e provocatoria della società, mettendo in discussione i concetti di libero arbitrio, identità e manipolazione sociale. "Arancia Meccanica" solleva importanti questioni etiche e filosofiche, invitando il lettore a riflettere sulle dinamiche di potere, sulla violenza e sulle conseguenze di un sistema sociale oppressivo.

Il romanzo ha ottenuto un notevole successo internazionale e ha ispirato l'omonimo film diretto da Stanley Kubrick nel 1971, che ha contribuito a rendere ancora più famosa questa storia complessa e controversa. "Arancia Meccanica" rimane un'opera di rilevanza culturale, offrendo uno sguardo profondo sulle ombre dell'animo umano e sulla fragilità delle istituzioni che regolano la nostra società.

"Arancia Meccanica" di Anthony Burgess è ambientato in un contesto distopico e futuristico. Sebbene il romanzo non fornisca una datazione precisa, si può ipotizzare che si svolga nel prossimo futuro a partire dalla sua pubblicazione nel 1962.

Il contesto storico e sociale del romanzo è caratterizzato da una società in crisi, in cui la violenza, la corruzione e l'oppressione dominano. Il mondo descritto da Burgess riflette le preoccupazioni e le tensioni presenti nel contesto degli anni '60, periodo caratterizzato da cambiamenti sociali, politici e culturali significativi.

L'opera di Burgess si sviluppa in un'Inghilterra futuristica e urbana, in cui i valori tradizionali sono decaduti e il governo e le istituzioni sociali tentano di mantenere il controllo sulla popolazione attraverso metodi coercitivi e manipolatori. La società presentata nel romanzo è segnata dalla violenza diffusa, dalla mancanza di empatia e da una cultura consumistica distorta.

La critica sociale presente in "Arancia Meccanica" si concentra sulla perdita di valori umani autentici, sulla manipolazione dei governi e sulle conseguenze dell'alienazione sociale. Burgess mette in discussione il concetto di libero arbitrio e affronta temi come l'identità, la libertà individuale, l'etica della violenza e la lotta per la redenzione.

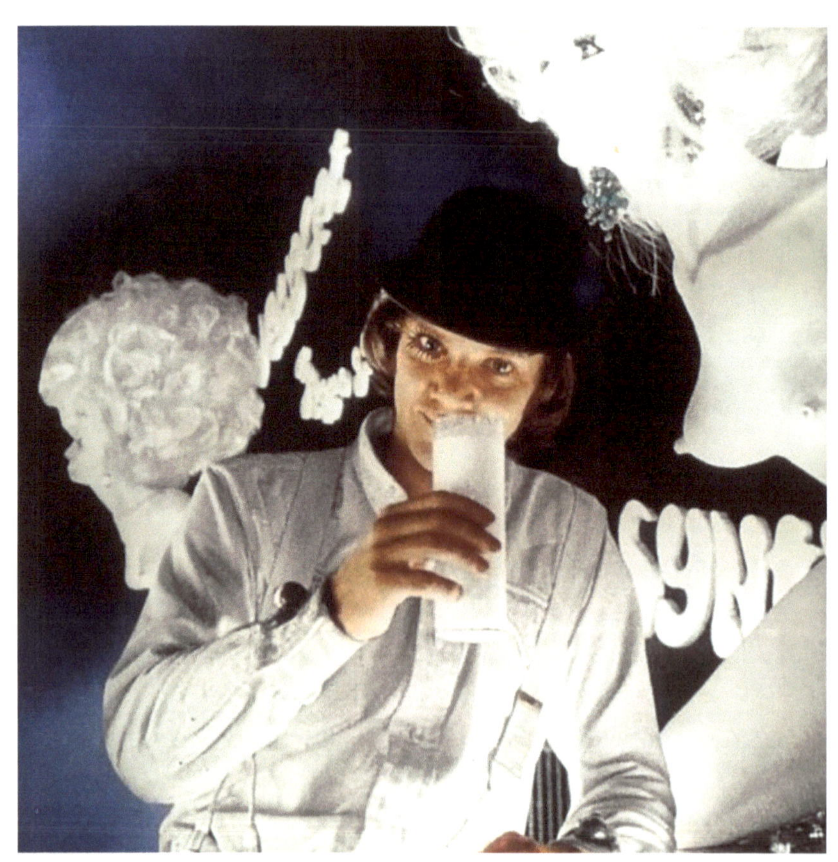

È importante sottolineare che "Arancia Meccanica" non rappresenta una proiezione diretta del contesto storico degli anni '60, ma piuttosto un'immagine estrema e provocatoria della società contemporanea, con l'intento di stimolare una riflessione critica sulle dinamiche sociali e morali dell'epoca.

Alex, il protagonista di "Arancia Meccanica", è un giovane carismatico e controverso. È il leader di una banda di teppisti, composta dai suoi fedeli compagni Dim, Georgie e Pete. Alex è un personaggio complesso e sfaccettato, che incarna molte delle tematiche del romanzo.

Alex è descritto come un individuo dotato di grande intelligenza e affascinante eloquenza. È un deviante senza scrupoli, incline alla violenza e privo di empatia verso gli altri. La sua personalità si caratterizza per una spiccata passione per la musica classica, in particolare Beethoven, che diventa un elemento distintivo della sua identità.

Come leader della sua banda, Alex guida i suoi compagni in una serie di atti di violenza e vandalismo, compresi attacchi a persone innocenti. Tuttavia, nonostante la sua natura criminale, Alex possiede anche un lato artistico e un'apprezzamento per la bellezza e l'estetica.

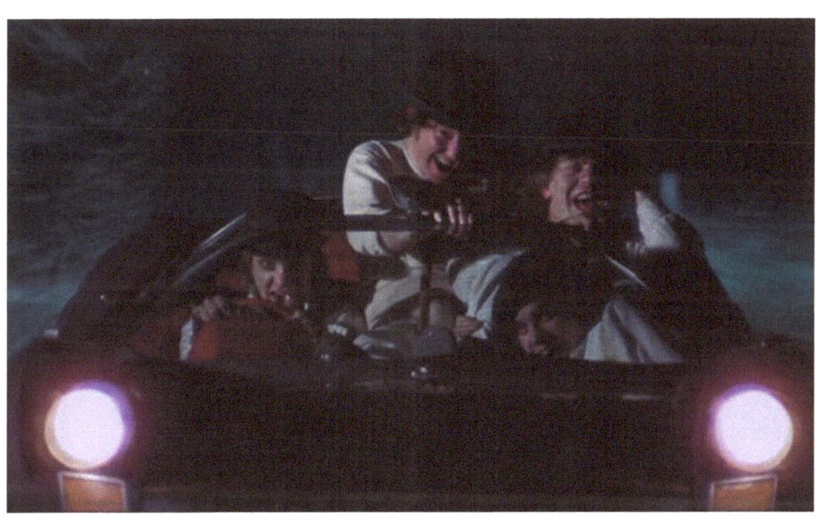

Nel corso della storia, Alex si sottopone a un esperimento di rieducazione comportamentale, che mira a trasformarlo da criminale in un membro rispettabile della società. Questo processo mette alla prova la sua identità e il suo senso di libero arbitrio, portandolo a riflettere sulle sue azioni e sulle conseguenze dei suoi comportamenti violenti.

I compagni di "malavita" di Alex, Dim, Georgie e Pete, sono anch'essi personaggi controversi. Sono complici nelle azioni violente di Alex e partecipano alla loro banda come membri devoti. Ognuno di loro contribuisce in modo unico alla dinamica del gruppo, ma sono tutti caratterizzati da una mancanza di empatia e da una predilezione per il caos.

La rappresentazione di Alex e dei suoi compagni di "malavita" in "Arancia Meccanica" solleva importanti domande sull'identità, sulla moralità e sulla responsabilità individuale. Attraverso di loro, il romanzo esplora i confini tra il bene e il male, la natura umana e le conseguenze della violenza nella società.

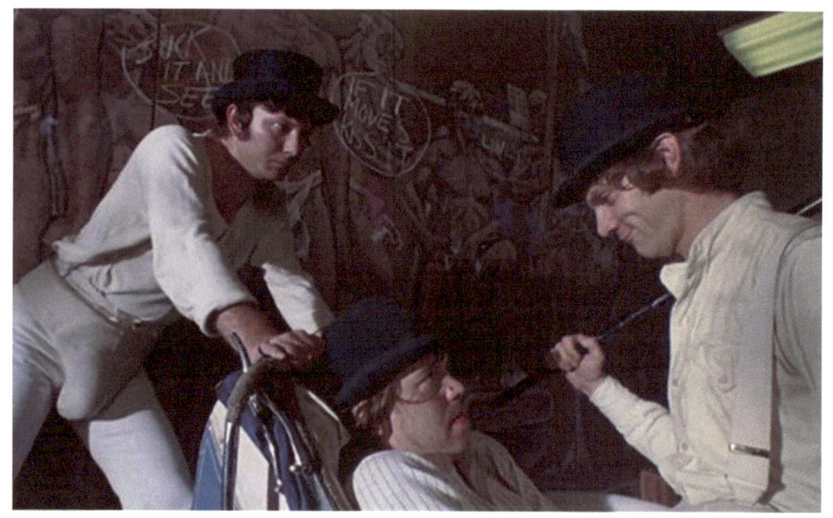

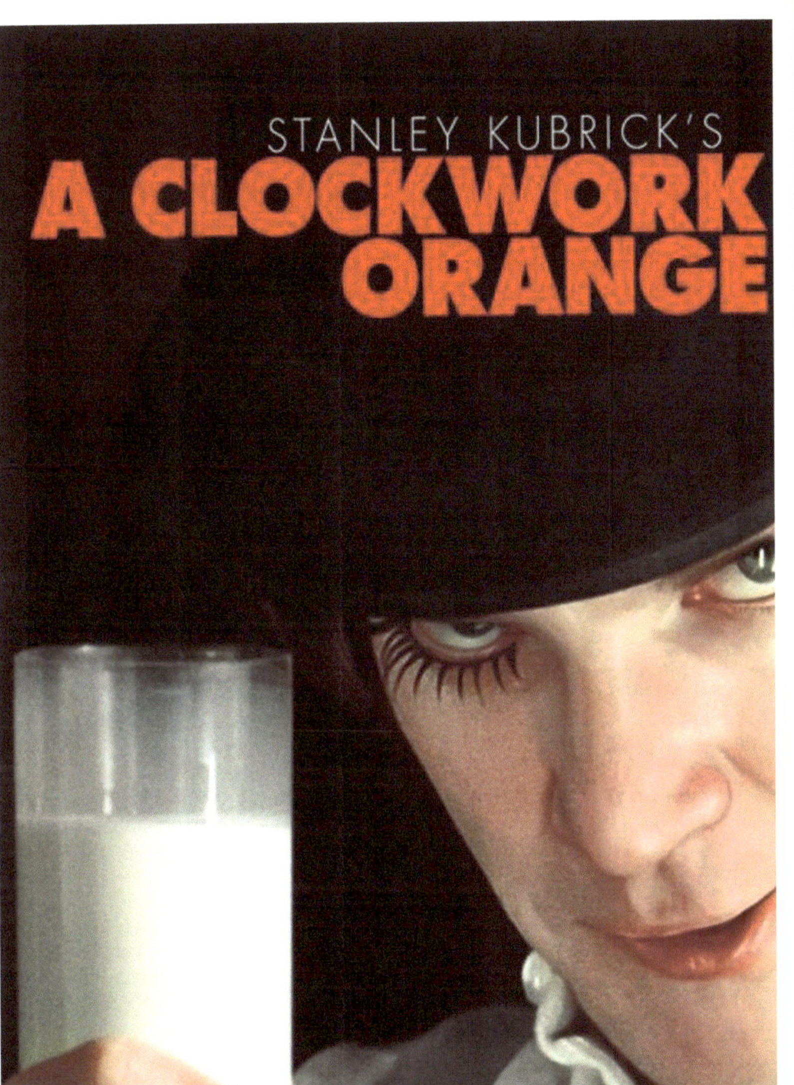
STANLEY KUBRICK'S
A CLOCKWORK ORANGE

LA VIOLENZA COME FORMA DI ESPRESSIONE

Il tema della violenza è centrale nel romanzo "Arancia Meccanica". Anthony Burgess esplora la natura e le conseguenze della violenza attraverso il personaggio di Alex e le sue azioni, ponendo domande sulle radici della violenza stessa e sulla società che la genera.

Alex e la sua banda di teppisti compiono atti di violenza estrema, attaccando e ferendo persone innocenti. La violenza diventa un mezzo attraverso cui Alex esprime il suo potere, soddisfa i suoi istinti primordiali e si distingue dalla noia e dall'alienazione della società circostante. Tuttavia, la violenza nel romanzo è rappresentata come priva di un reale scopo o giustificazione, diventando un esercizio di puro sadismo.

Burgess pone l'accento sulla relazione ambivalente tra la violenza e l'arte, poiché Alex trova piacere sia nell'ascoltare la musica classica che nell'indulgere nella violenza. La sua passione per la musica diventa una sorta di giustificazione estetica per i suoi atti violenti, mostrando la complessità delle motivazioni dietro la violenza.

L'autore sottolinea anche il ruolo della società nella formazione della violenza. La società rappresentata nel romanzo è caratterizzata da una cultura consumistica distorta, dove la violenza è sfruttata per scopi politici e per il controllo sociale. L'oppressione e la mancanza di valori autentici sono presentate come fattori che contribuiscono alla diffusione della violenza.

Tuttavia, Burgess solleva anche domande sulla possibilità di redenzione e sulla responsabilità individuale. Attraverso il processo di rieducazione di Alex, si apre uno spazio per la riflessione sulle conseguenze della violenza e sulla capacità di un individuo di cambiare.

Le scene di violenza in sono estremamente intense e disturbanti, e la loro rilevanza nella storia va oltre il mero shock value. Anthony Burgess utilizza queste scene per esplorare tematiche più profonde e porre domande sulle radici della violenza e sulle dinamiche sociali che la sostengono.

Le scene di violenza, compiute da Alex e dalla sua banda, vengono descritte in dettaglio crudo e brutale. Questo serve a sottolineare la natura selvaggia e incontrollabile della violenza stessa. Burgess mette in evidenza la crudeltà gratuita e l'assenza di empatia che accompagnano questi atti, invitando il lettore a confrontarsi con l'oscurità dell'animo umano.

La rilevanza di queste scene nella storia risiede nella loro connessione con il tema dell'identità e della manipolazione sociale. La violenza diventa un modo per Alex e la sua banda di affermare la propria individualità e di sfidare un sistema che considerano opprimente e privo di autenticità. Allo stesso tempo, tuttavia, la violenza diventa un'arma che viene usata contro di loro, poiché il governo tenta di manipolare la loro identità attraverso l'esperimento di rieducazione.

Le scene di violenza fungono anche da specchio della società in cui si svolge la storia. Burgess critica la cultura consumistica distorta e l'oppressione politica, mostrando come la violenza sia sia una conseguenza che un riflesso di questi fattori. Le azioni violente di Alex e della sua banda diventano un'estensione dei valori distorti e dell'alienazione che permeano la società.

Inoltre, le scene di violenza mettono in discussione la moralità della violenza stessa. Burgess invita il lettore a riflettere sulla giustificazione della violenza come mezzo per ottenere il cambiamento o per esprimere la propria individualità. Le conseguenze negative della violenza, sia per le vittime che per i perpetratori, vengono rappresentate in modo crudo e spietato, sottolineando le ramificazioni distruttive di tali azioni.

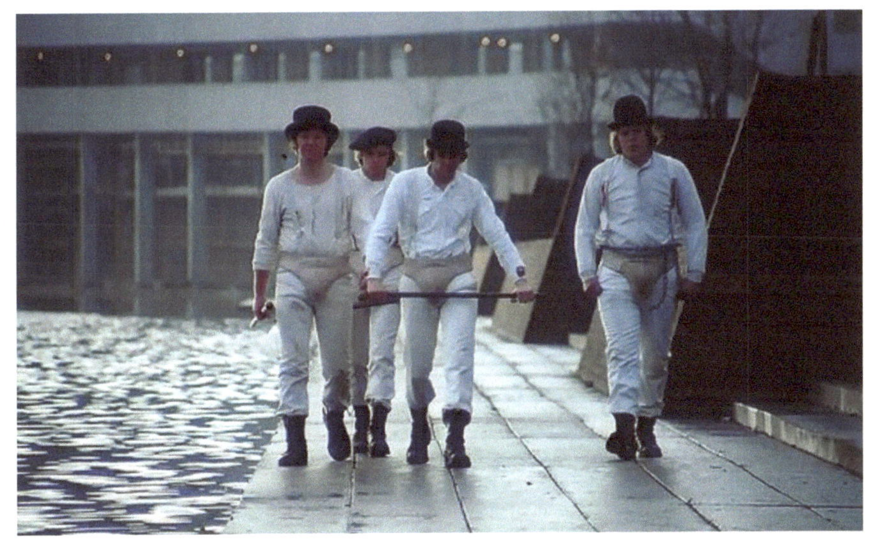

In sintesi, le scene di violenza in "Arancia Meccanica" svolgono un ruolo fondamentale nella storia, offrendo un'analisi profonda e provocatoria della natura umana, della società distorta e delle dinamiche di potere. Esplorano la complessità della violenza e sollevano domande sulla moralità, sull'identità individuale e sulle conseguenze delle nostre azioni.

La violenza svolge un ruolo significativo nell'identità di Alex e della sua banda in "Arancia Meccanica". La loro partecipazione a atti violenti diventa un elemento centrale nella formazione della loro identità individuale e di gruppo.

Per Alex, la violenza diventa un modo per affermare il suo potere e la sua superiorità sugli altri. La sua brutalità e la mancanza di empatia verso le vittime lo rendono un individuo temuto e rispettato all'interno della sua banda. La violenza diventa una componente fondamentale del suo senso di autostima e della sua immagine di sé come un individuo potente e invulnerabile.

La banda di Alex si forma attorno alla condivisione di esperienze violente e al rafforzamento dei legami attraverso atti cruenti. La violenza diventa un collante che unisce il gruppo, creando un senso di appartenenza e di solidarietà. La loro identità di "malavita" si basa sulla reputazione di essere pericolosi e spietati, e la violenza diventa una sorta di valuta sociale all'interno del loro mondo.

La violenza svolge anche un ruolo ambivalente nella formazione dell'identità di Alex e della sua banda. Mentre la violenza li distingue e conferisce loro un senso di potere, allo stesso tempo crea una dipendenza e una prigione dalla quale può essere difficile sfuggire. La loro identità diventa intrinsecamente legata alla violenza, e ciò li rende intrappolati in un ciclo di comportamenti autodistruttivi.

L'autore, Anthony Burgess, presenta la violenza come una distorsione dell'identità, una forma di espressione che si allontana dalla moralità e dalla compassione umana. Mentre la violenza può conferire una sensazione di potere e controllo, Burgess suggerisce che sia una forma di autodistruzione e perdita dell'umanità.

Attraverso il percorso di rieducazione di Alex nel romanzo, il ruolo della violenza nella sua identità viene messo in discussione. L'esperimento mira a privarlo della sua natura violenta e a riconfigurare la sua identità attraverso la manipolazione comportamentale. Questo solleva importanti interrogativi sull'autenticità dell'identità di Alex e sulla possibilità di un cambiamento reale.

LA MANIPOLAZIONE DEL LIBERO ARBITRIO

Il concetto di libero arbitrio gioca un ruolo fondamentale nel contesto del romanzo "Arancia Meccanica". Anthony Burgess esplora la questione del libero arbitrio attraverso le azioni e le esperienze del protagonista, Alex, e le conseguenze del suo comportamento violento.

All'inizio del romanzo, Alex gode di un libero arbitrio apparente, agendo secondo i suoi istinti più primitivi e scegliendo di commettere atti di violenza senza restrizioni. La sua identità è fortemente legata alla sua capacità di fare scelte autonome, anche se queste scelte sono immorali e dannose per gli altri.

Tuttavia, quando Alex viene sottoposto al processo di rieducazione, il suo libero arbitrio viene minato. Attraverso un esperimento comportamentale coercitivo, gli viene privata la sua capacità di agire in modo violento e di perseguire i suoi desideri individuali. Questo solleva importanti domande sul significato e sulla validità del libero arbitrio stesso.

Il romanzo si interroga sulle implicazioni etiche di costringere un individuo a rinunciare al proprio libero arbitrio. Burgess mette in discussione se la privazione della capacità di scegliere la violenza sia una forma di giustizia o una forma di oppressione, poiché l'esperimento sembra sollevare problemi riguardanti la manipolazione e il controllo del comportamento umano.
essere influenzato e limitato dalle circostanze esterne, c'è ancora spazio per l'individuo di riflettere e scegliere una via diversa.

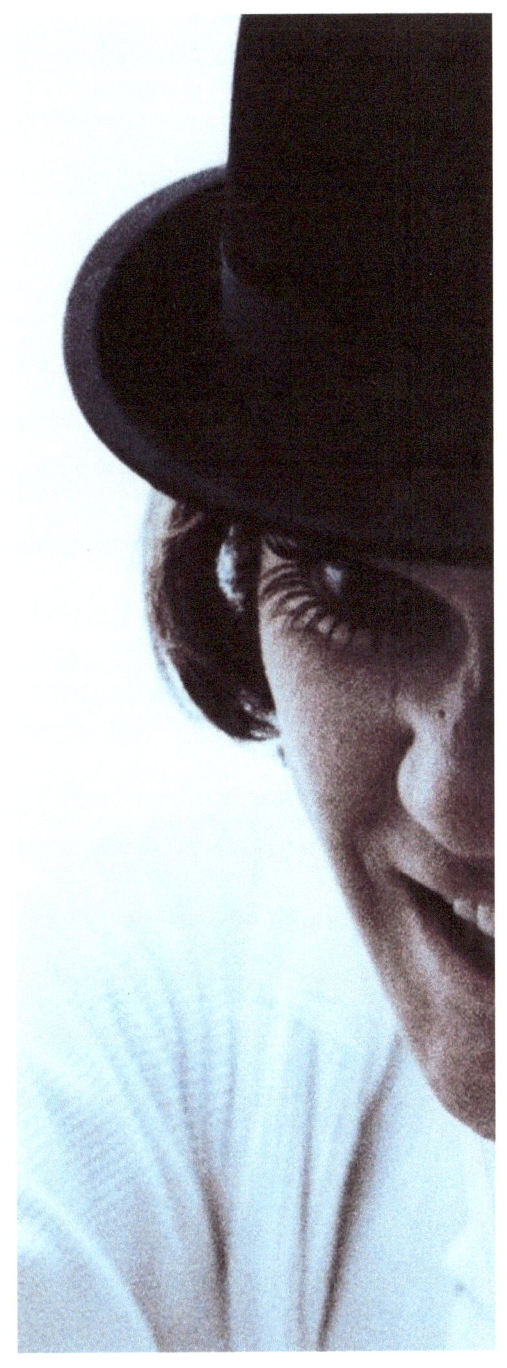

Alex, nonostante le sue esperienze, sembra trovare una forma di redenzione e una possibilità di cambiamento, indicando che il libero arbitrio può persistere anche nelle situazioni più difficili.

La manipolazione da parte del governo e della società è un tema chiave nel romanzo "Arancia Meccanica". Anthony Burgess mette in evidenza come il potere politico e la cultura distorta possono influenzare e controllare le persone, sia a livello individuale che collettivo.

Nel romanzo, il governo utilizza la manipolazione come strumento per il controllo sociale. Attraverso l'esperimento di rieducazione di Alex, il governo cerca di sbarazzarsi della sua tendenza alla violenza e di riconfigurare la sua identità secondo i suoi scopi politici. La manipolazione comportamentale mira a privare Alex del suo libero arbitrio e ad alterare il suo comportamento per adattarlo ai desideri del governo.

La società descritta nel romanzo è caratterizzata da una cultura consumistica distorta, in cui la violenza è sfruttata per scopi politici e per il controllo delle masse. La manipolazione mediatica, attraverso la diffusione di immagini e narrazioni distorte, è utilizzata per influenzare le opinioni e le azioni delle persone. La società stessa partecipa attivamente alla manipolazione, consentendo al governo di esercitare il proprio potere attraverso la violenza e la propaganda.

Burgess critica la manipolazione come un'oppressione che priva le persone della loro libertà individuale e della loro capacità di pensare criticamente. La manipolazione da parte del governo e della società rappresenta una forma di controllo totalitario, in cui le persone diventano marionette nelle mani di coloro che detengono il potere.

Burgess solleva anche la questione della responsabilità individuale di fronte alla manipolazione. Nonostante la manipolazione subita, i personaggi del romanzo devono affrontare le conseguenze delle loro azioni e delle loro scelte. Questo invita il lettore a riflettere sul ruolo dell'individuo nella resistenza alla manipolazione e sulla possibilità di trovare un proprio senso di identità e di libertà, nonostante le circostanze avverse.

La manipolazione da parte del governo e della società è un tema rilevante in "Arancia Meccanica". Burgess evidenzia i pericoli del controllo politico e della cultura distorta, invitando il lettore a interrogarsi sulle dinamiche di potere e sulla capacità delle persone di preservare la propria libertà e identità in un contesto manipolativo.

La scelta e la responsabilità individuale sono temi profondamente intrecciati nel romanzo "Arancia Meccanica". Anthony Burgess esplora la complessità di queste tematiche, sfidando il lettore a considerare le conseguenze delle scelte individuali e il ruolo della responsabilità nell'affrontare tali conseguenze.

Il protagonista, Alex, è un individuo che compie scelte violente e immorali. La sua inclinazione verso la violenza sembra essere una scelta personale, guidata dal suo piacere sadico e dalla sua ricerca di potere. Tuttavia, Burgess pone la domanda se Alex sia davvero libero di scegliere o se le sue azioni siano influenzate da fattori esterni come l'ambiente sociale e la manipolazione governativa.

La manipolazione di cui Alex è vittima solleva interrogativi sulla sua capacità di scegliere in modo autentico e sulla sua responsabilità personale. L'esperimento di rieducazione comportamentale cerca di privarlo del libero arbitrio e di alterare le sue inclinazioni violente. Ciò solleva il dibattito sulla misura in cui le scelte di una persona possono essere considerate libere quando sono soggette a forti influenze esterne.

Il romanzo pone anche l'accento sulla responsabilità individuale di fronte alle proprie azioni. Nonostante le influenze esterne e la manipolazione, i personaggi del romanzo sono ancora chiamati a confrontarsi con le conseguenze delle loro azioni. Alex, nonostante il suo trattamento, deve affrontare le conseguenze delle sue scelte violente e sperimentare il senso di colpa e il desiderio di redenzione.

Burgess suggerisce che anche se le persone possono essere influenzate e manipolate, c'è ancora uno spazio per la scelta e la responsabilità individuale. Le scelte di un individuo possono avere conseguenze che devono essere affrontate e, nonostante le circostanze avverse, l'individuo conserva una certa agenzia nel determinare il proprio percorso.

In definitiva, il romanzo esplora il delicato equilibrio tra scelta e responsabilità individuale. Burgess solleva interrogativi sulla natura della libertà individuale in un contesto manipolativo e sulle conseguenze delle scelte personali. Mentre il contesto del romanzo può mettere in discussione il grado di libertà di un individuo, il tema della responsabilità individuale emerge come una componente fondamentale nella ricerca di redenzione e nell'affrontare le conseguenze delle proprie azioni.

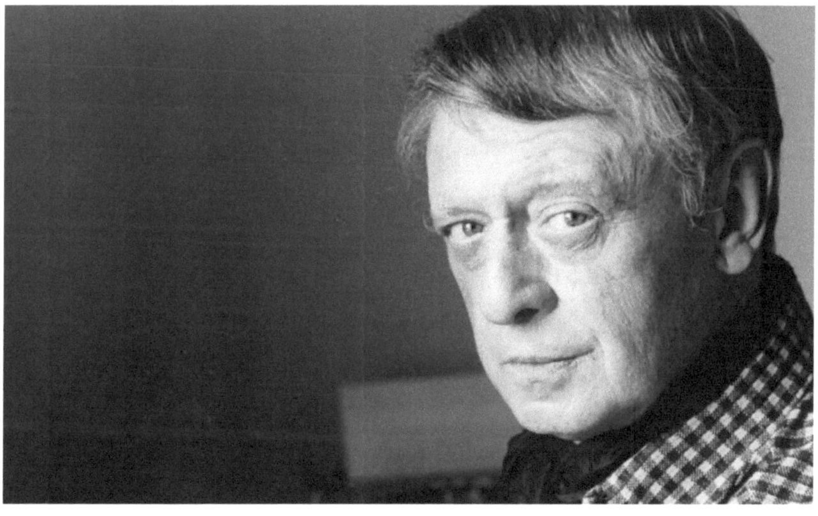

ALIENAZIONE E INDIVIDUALISMO

Il tema dell'alienazione è profondamente radicato nel contesto di "Arancia Meccanica". Anthony Burgess esplora come la società distorta e la cultura violenta influenzino l'individuo, portandolo a sentirsi alienato e disconnesso dal mondo circostante.

Il protagonista, Alex, si sente alienato dalla società in cui vive. La sua inclinazione verso la violenza e il sadismo lo allontana dagli altri e lo rende incompatibile con le norme sociali. La sua violenza diventa un meccanismo di autodifesa per nascondere la sua solitudine e il suo isolamento emotivo. Alex si sente estraneo alla moralità e alla compassione umana, e questa alienazione contribuisce alla sua ricerca di potere e controllo.

Il contesto sociale descritto nel romanzo presenta un'alienazione più ampia. La società stessa è caratterizzata da una cultura consumistica distorta, in cui la violenza viene commercializzata e utilizzata come forma di intrattenimento. Le persone si alienano l'una dall'altra, diventando spettatori passivi o complici della violenza.

Burgess mette in evidenza come l'alienazione sociale sia alimentata dalla manipolazione e dal controllo del governo. La manipolazione comportamentale e la violenza utilizzate dal governo mirano a mantenere il controllo sociale e a sottomettere gli individui. Questa manipolazione perpetua l'alienazione, impedendo alle persone di esprimere la propria individualità e di connettersi con gli altri in modo autentico.

La violenza diventa un mezzo per rompere le barriere di alienazione e ottenere una forma di connessione, anche se è una connessione basata sulla paura e sulla dominazione.

Burgess lascia spazio per la possibilità di superare l'alienazione. Attraverso il percorso di rieducazione di Alex, il romanzo suggerisce che c'è una speranza di redenzione e di riconnessione con la propria umanità. L'alienazione può essere superata attraverso la consapevolezza, la responsabilità individuale e la ricerca di un significato più profondo.

Burgess sottolinea come la manipolazione, la cultura consumistica e la violenza contribuiscano all'alienazione individuale e sociale. Tuttavia, il romanzo suggerisce anche la possibilità di superare l'alienazione attraverso la consapevolezza e la ricerca di una connessione autentica con la propria umanità.

Il tema dell'individuo contro la società oppressiva è una tematica centrale nel romanzo "Arancia Meccanica". Anthony Burgess mette in evidenza come un individuo può ribellarsi e cercare di preservare la propria individualità e libertà in un contesto sociale che opprime e controlla.

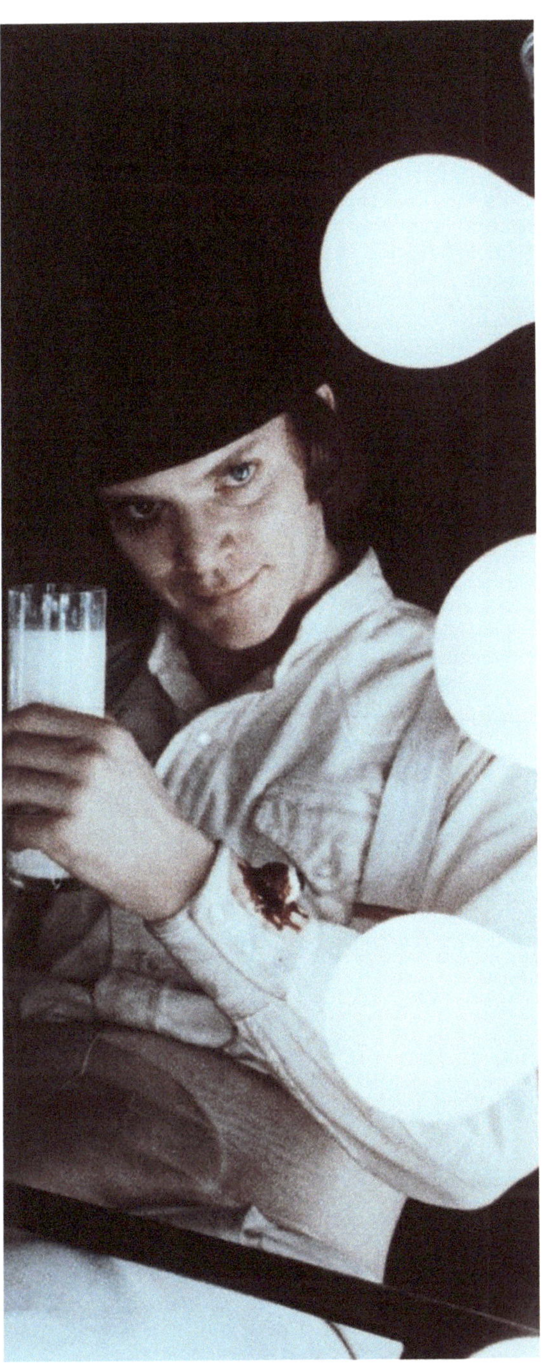

Nel romanzo, la società è caratterizzata da un governo autoritario e da una cultura distorta che promuove la violenza come forma di intrattenimento. Questa società oppressiva cerca di sopprimere l'individualità e di manipolare il comportamento delle persone per raggiungere i propri scopi politici. Gli individui sono privati del loro libero arbitrio e costruiti secondo i desideri e i valori del governo.

Il protagonista Alex rappresenta l'individuo che lotta per preservare la sua autonomia e la sua identità personale. Nonostante le circostanze avverse e la manipolazione subita, Alex cerca di resistere e di mantenere la sua individualità. La sua ribellione contro la società oppressiva è simboleggiata dalla sua inclinazione verso la violenza, che diventa una forma di sfida e di reazione contro le forze che cercano di controllarlo.

Burgess suggerisce che l'individuo può trovare la forza di resistere e di opporsi all'oppressione, anche se la lotta può comportare sacrifici personali e difficoltà. La ricerca di libertà e di autonomia diventa un atto di sfida e di riaffermazione dell'umanità contro le forze che cercano di sopprimerla.

Il romanzo solleva anche la questione del potere dell'individuo di influenzare il cambiamento nella società. Alex, nonostante le sue azioni violente, diventa un simbolo di opposizione e di ribellione, suscitando discussioni e critiche nei confronti del sistema oppressivo. Questo evidenzia il potere dell'individuo di destabilizzare il controllo sociale e di sfidare le norme preesistenti.

L'importanza dell'identità individuale e della ribellione è un tema centrale nel romanzo "Arancia Meccanica". Anthony Burgess esplora il desiderio innato dell'individuo di definirsi e di opporsi alle forze che cercano di controllarlo.

Nel romanzo, l'identità individuale è minacciata dalla società distorta e dalla manipolazione governativa. Alex e i suoi compagni di "malavita" lottano per affermare la propria identità contro le norme sociali e la violenza imposta. La ribellione diventa un mezzo per sfidare l'oppressione e preservare la propria individualità.
Burgess suggerisce che l'identità individuale è intrecciata con la capacità di fare scelte autonome.

L'autenticità dell'individuo risiede nella sua capacità di prendere decisioni e di agire secondo i propri valori e desideri, nonostante le influenze esterne. L'identità di Alex, anche se disturbata dalla violenza, si basa sulla sua capacità di scegliere, anche se in modi moralmente discutibili.

La ribellione nel romanzo rappresenta un atto di affermazione dell'identità individuale. Alex e i suoi compagni di "malavita" cercano di sfidare la società e il governo che li opprime, cercando di preservare la loro autonomia e libertà di pensiero. La ribellione diventa un modo per rompere le catene dell'oppressione e riconquistare il controllo sulle proprie vite.

Il romanzo solleva anche domande sulle implicazioni etiche della ribellione e dell'identità individuale. Le azioni violente di Alex mettono in discussione la legittimità della sua lotta per l'identità e la libertà. Burgess suggerisce che l'identità individuale e la ribellione possono avere conseguenze negative, evidenziando la complessità morale di tali tematiche.

Burgess esplora il desiderio di definirsi e di opporsi alle forze che cercano di controllare l'individuo. La ribellione diventa un atto di affermazione dell'identità e di ricerca della libertà, anche se solleva domande etiche e mette in luce le conseguenze delle azioni violente.

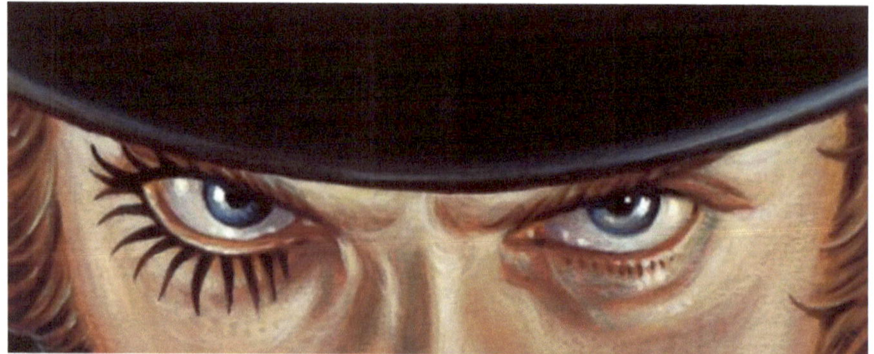

LA MUSICA COME FONTE DI ISPIRAZIONE

Anthony Burgess utilizza la musica come un potente strumento di influenza e controllo, che contribuisce a plasmare la personalità e le azioni di Alex.

Nel romanzo, Alex è un appassionato ascoltatore di musica classica, in particolare delle opere di Ludwig van Beethoven. La musica rappresenta per lui un'esperienza intensa e trasformativa, che evoca emozioni profonde e una sensazione di potere. La musica diventa un mezzo per Alex di esprimere la sua individualità e di trovare una forma di liberazione dalla monotonia e dalla noia della sua vita quotidiana.

Tuttavia, la musica viene anche manipolata e distorta per influenzare il comportamento di Alex. Durante l'esperimento di rieducazione, la terapia comporta l'associazione della musica piacevole con la violenza, creando una connessione psicologica tra il piacere musicale e l'aggressione. La musica diventa uno strumento di condizionamento, utilizzato per alterare la personalità di Alex e per controllare i suoi impulsi violenti.

Questo uso manipolatorio della musica solleva importanti questioni sul potere dell'arte e sulla sua capacità di influenzare il comportamento umano. Burgess suggerisce che la musica, come forma d'arte, può essere sfruttata per scopi di controllo e manipolazione. La manipolazione della musica nel romanzo mette in discussione la libertà individuale e l'autonomia dell'individuo di scegliere le proprie esperienze musicali.

Il ruolo della musica nella vita di Alex offre anche una dimensione ironica. Nonostante la sua passione per la musica classica, che potrebbe essere considerata un'arte nobile e elevata, Alex la utilizza come colonna sonora per le sue azioni violente. La musica diventa un contrappunto ironico alla brutalità delle sue azioni, sottolineando l'ambivalenza e la complessità del personaggio di Alex.

Essa rappresenta una fonte di piacere e liberazione per Alex, ma viene anche distorta e utilizzata come strumento di controllo e manipolazione. Il ruolo della musica solleva domande sul potere dell'arte e sulla libertà individuale di scegliere le proprie esperienze musicali.

L'effetto della musica sulla psiche umana nel romanzo "Arancia Meccanica" di Anthony Burgess è un tema di rilevanza centrale. Burgess esplora come la musica possa influenzare le emozioni, i pensieri e il comportamento delle persone, evidenziando l'impatto profondo che può avere sulla psiche umana.

Nel romanzo, la musica svolge un ruolo chiave nel condizionamento di Alex durante il processo di rieducazione. Attraverso un esperimento psicologico, gli viene somministrato un farmaco che provoca nausea e dolore fisico, mentre gli viene fatto ascoltare la musica che ama, in particolare le opere di Beethoven. Questo collegamento tra la musica e l'esperienza fisica negativa crea un'associazione psicologica tra il piacere musicale e il disgusto, influenzando la psiche di Alex e condizionando il suo comportamento futuro.

Burgess mette in evidenza l'effetto potente e manipolativo della musica sulla psiche di Alex. La musica diventa uno strumento di controllo utilizzato per modellare e plasmare la sua personalità, influenzando le sue emozioni e le sue inclinazioni comportamentali.

L'effetto della musica sulla psiche di Alex nel romanzo solleva anche la questione più ampia del potere dell'arte. Burgess esplora come l'arte, in questo caso la musica, possa essere utilizzata come strumento di manipolazione e controllo, influenzando le persone a livello emotivo e comportamentale.

"Arancia Meccanica" mette in evidenza l'impatto potente e manipolativo che la musica può avere sulle emozioni, i pensieri e il comportamento delle persone. Burgess esplora il tema dell'influenza dell'arte sulla psiche umana, sollevando importanti questioni sulla manipolazione e il controllo attraverso l'uso della musica.

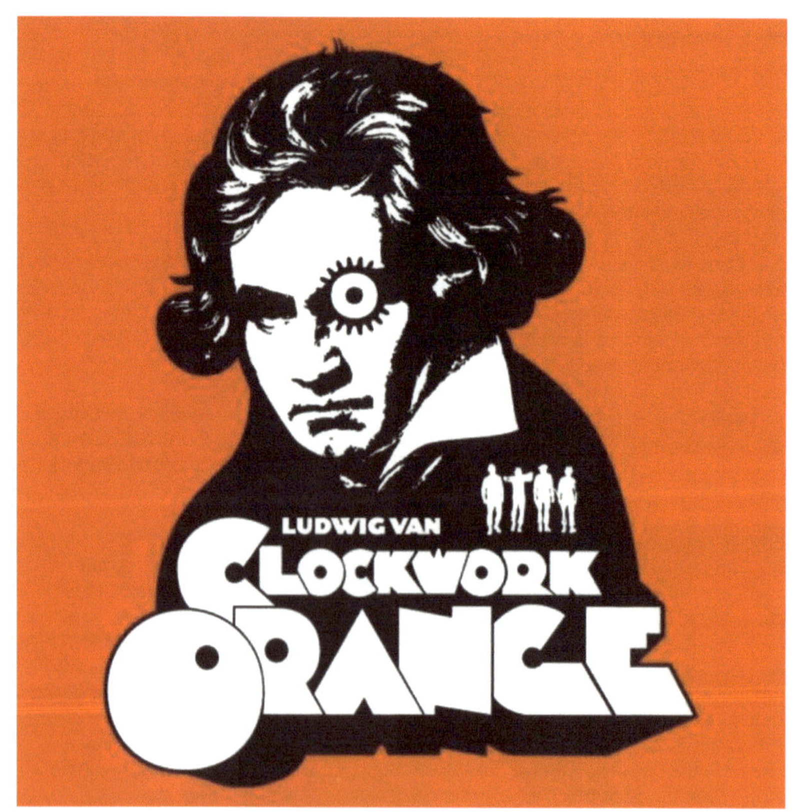

Analizziamo alcuni dei brani musicali menzionati
nel romanzo e il loro significato simbolico:

Symphony No. 9 in D minor, Op. 125 (Beethoven):

Questa sinfonia di Beethoven è una delle composizioni musicali più celebri e influenti di
tutti i tempi. Nel contesto del romanzo, la musica di Beethoven rappresenta la grandezza
artistica e l'elevazione spirituale che Alex apprezza. La sua passione per la musica
classica riflette la sua ricerca di un significato più profondo nella vita, anche se alla fine la
musica diventa strumento di manipolazione per condizionare il suo comportamento.

Singin' in the Rain (Gene Kelly):

Questa canzone e la scena del film omonimo diventano un elemento ricorrente nel
romanzo. La canzone rappresenta un contrasto ironico con la brutalità delle azioni di Alex.
Il suo uso nel contesto delle violente agressioni di Alex sottolinea la dissonanza tra
l'apparente gioia e l'oscurità che permea la storia.

In the Mood (Glenn Miller):

Questo brano di jazz degli anni '40 rappresenta la spensieratezza e la gioia dell'epoca.
Viene suonato durante una delle feste selvagge di Alex e i suoi compagni di "malavita",
creando un contrasto tra la frivolezza dell'atmosfera e la violenza che ne deriva. Il brano
simboleggia il piacere effimero e la superficialità delle loro azioni.

William Tell Overture (Gioachino Rossini):

Questa famosa ouverture è stata utilizzata nel romanzo come una sorta di leitmotiv per
rappresentare la violenza. Il brano viene associato alle azioni violente di Alex e alla sua
banda, diventando una sorta di tema musicale ricorrente che sottolinea la loro inclinazione
verso la violenza e il caos.

Questi brani musicali, insieme ad altri menzionati nel romanzo, hanno un significato
simbolico che sottolinea i temi principali della storia, come la violenza, l'alienazione e la
manipolazione. Essi contribuiscono a creare un'atmosfera contrastante e ad aggiungere
un livello di profondità emotiva alla narrazione, evidenziando l'interazione complessa tra la
musica, l'identità e le azioni dei personaggi.

ALEISTER CROWLEY

Aleister Crowley (1875-1947) è una figura controversa e influente nella storia dell'occultismo, dell'esoterismo e della filosofia. È stato uno scrittore, poeta, occultista e studioso di misticismo inglese. Crowley si considerava un "mago" e ha sviluppato una filosofia conosciuta come Thelema.

Crowley nacque in una famiglia benestante e ricevette un'educazione religiosa cristiana. Tuttavia, la sua ricerca spirituale lo portò a esplorare una vasta gamma di tradizioni esoteriche, tra cui l'alchimia, la cabala, l'astrologia e la magia. Divenne membro dell'Ordine degli Antichi e Mistici Fratelli dell'Oriente (conosciuto anche come l'Ordine degli A∴A∴) e in seguito fondò l'ordine religioso e filosofico chiamato A∴A∴ e l'Ordo Templi Orientis (OTO).

La filosofia di Crowley, Thelema, si basa sul suo libro principale intitolato "Liber AL vel Legis" o "Il Libro della Legge". Secondo Crowley, Thelema si concentra sulla realizzazione della volontà individuale. L'essenza della sua filosofia è riassunta nella frase: "Fai ciò che vuoi sarà tutta la legge, purché non nuoci a nessuno".

Thelema promuove l'idea che ogni individuo abbia una "vera volontà" unica da seguire e che il perseguimento di questa volontà sia il modo migliore per raggiungere la realizzazione personale e la conoscenza spirituale.
Crowley credeva anche nell'importanza della magia come mezzo per raggiungere la comunicazione e l'unione con entità spirituali o divinità. Ha sviluppato il sistema di magia chiamato "Magick" (con la "k" finale per distinguere la sua forma da altre pratiche) e ha scritto diversi testi sull'argomento, tra cui "Magick in Theory and Practice" e "The Book of Thoth".

La figura di Aleister Crowley è stata oggetto di molte controversie e opinioni contrastanti. Alcuni lo considerano un genio visionario e un innovatore spirituale, mentre altri lo ritengono un esempio di oscurità e immoralità. La sua influenza si estende ancora oggi nell'occultismo moderno e in altre forme di spiritualità alternativa.

È importante notare che le idee e le pratiche di Crowley possono essere complesse e spesso richiedono un approfondimento per essere comprese appieno. Mentre la sua filosofia ha affascinato molti studiosi e praticanti, è sempre consigliabile esplorare i suoi insegnamenti con un occhio critico e una mente aperta.

Nel romanzo "Arancia Meccanica" di Anthony Burgess, la presenza e l'influenza di Aleister Crowley sono indirette ma significative. Sebbene Crowley stesso non sia menzionato esplicitamente nel libro, ci sono riferimenti impliciti alla sua filosofia e alla sua figura, che contribuiscono a creare un'atmosfera di esoterismo e trasgressione.

Il personaggio di Alex, il protagonista del romanzo, è spesso associato a elementi di ribellione e di ricerca di una forma di liberazione individuale. Questa sfida alle convenzioni sociali e morali richiama alcune delle idee chiave di Crowley, come l'importanza della volontà individuale e del perseguimento del proprio cammino personale.

Il concetto di "Thelema" di Crowley, che promuove il principio di "fai ciò che vuoi", può essere collegato alle azioni violente e autodistruttive di Alex e alla sua indifferenza verso gli altri. Alex si identifica con una filosofia egoista e nichilista che rispecchia alcune delle idee di Crowley sulla libertà individuale e sulla negazione delle norme morali tradizionali.

La presenza di riferimenti musicali nel romanzo può essere interpretata come un'ulteriore connessione indiretta a Crowley. Crowley stesso era un musicista dilettante e apprezzava la musica come forma d'arte e strumento per raggiungere uno stato alterato di coscienza. La passione di Alex per la musica classica e l'associazione della musica con le sue azioni violente possono richiamare l'idea di usare la musica come mezzo di trasformazione e di manipolazione della psiche, che era una componente importante della visione di Crowley.

Va notato che l'inclusione di elementi legati a Crowley nel romanzo non implica un'approvazione diretta delle sue idee o pratiche. Burgess utilizza questi riferimenti per creare un'atmosfera di ambiguità morale, in cui il protagonista e il suo ambiente sono immersi in una società distorta e decadente. La presenza di Crowley nel contesto del romanzo sottolinea l'influenza delle idee esoteriche e ribelli sulla vita e sul comportamento di Alex.

Le idee di Crowley sulla volontà individuale, sulla ribellione e sull'uso della musica come mezzo di trasformazione possono essere ricollegate ai temi e ai comportamenti presenti nel romanzo, aggiungendo un elemento di complessità e ambiguità alla storia.

La visione di Aleister Crowley e il mondo distopico di "Arancia Meccanica" presentano alcune sovrapposizioni tematiche, ma anche importanti divergenze.

Entrambi affrontano l'idea della ribellione contro le norme sociali e morali tradizionali. Crowley promuove il concetto di "fai ciò che vuoi", sostenendo l'importanza della volontà individuale e del perseguimento di una propria via personale. Questo richiama le azioni ribelli di Alex nel romanzo, che rifiuta le norme della società e si impegna in atti violenti senza alcun senso di responsabilità morale.

Tuttavia, mentre Crowley enfatizza l'importanza di agire in conformità con la propria volontà, il mondo distopico di "Arancia Meccanica" rappresenta una società totalitaria e oppressiva in cui la ribellione di Alex e dei suoi compagni di "malavita" è in ultima analisi inutile. Il governo nel romanzo cerca di manipolare e controllare la mente e il comportamento delle persone attraverso metodi violenti e coercitivi. Ciò implica che la libertà individuale e la ricerca della propria volontà possono essere sopraffatte e annientate da una forza più grande.

Un'altra divergenza tra la visione di Crowley e il mondo di "Arancia Meccanica" riguarda l'idea di responsabilità e conseguenze. Mentre Crowley pone l'accento sulla responsabilità individuale e sul perseguimento della propria volontà senza nuocere ad altri, nel mondo distopico del romanzo, le azioni violente di Alex e la sua indifferenza verso il dolore altrui riflettono una mancanza di responsabilità e di considerazione per gli altri.

Il ruolo della musica nei due contesti differisce notevolmente. Mentre Crowley considerava la musica come un mezzo di elevazione spirituale e di connessione con il divino, nel romanzo, la musica viene utilizzata come strumento di manipolazione e controllo da parte del governo. La musica viene associata a una violenza coercitiva che mira a rieducare Alex, creando un contrasto con la visione più positiva di Crowley sulla musica come un'arte che può elevare la coscienza.

Mentre Crowley si concentra sulla libertà individuale, il romanzo presenta un mondo in cui la ribellione e la ricerca della volontà individuale possono essere oppresse da un sistema totalitario. Inoltre, la visione positiva di Crowley sulla musica contrasta con la sua manipolazione nel romanzo. Queste differenze mettono in luce l'ambiguità morale e il senso di impotenza che permea il mondo distopico di "Arancia Meccanica".

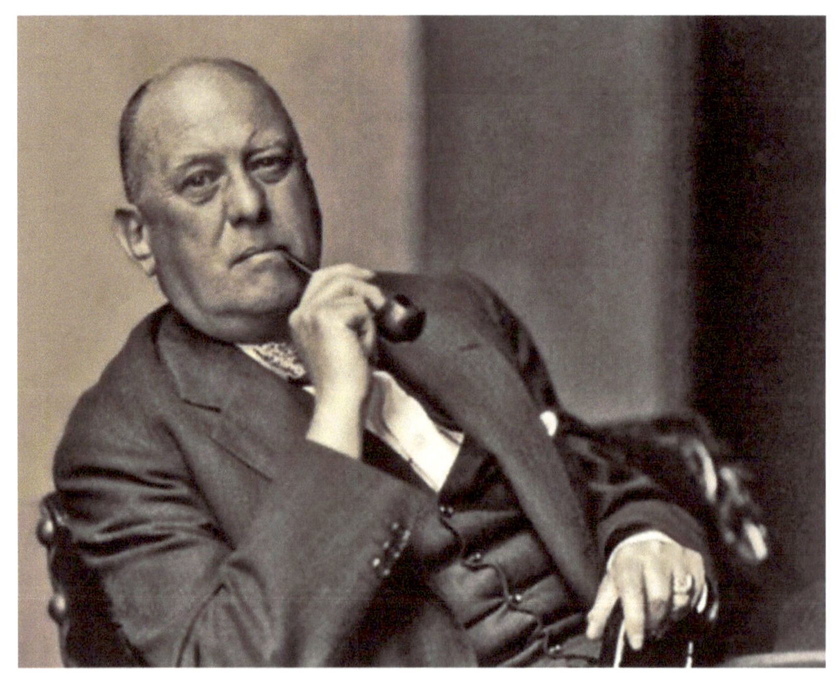

LA CRITICA ALLA SOCIETA' CONSUMISTICA

Nel romanzo "Arancia Meccanica" di Anthony Burgess, l'immagine di una società consumistica emerge in modo sottile ma rilevante. Sebbene la storia si concentri principalmente sulla violenza, sull'alienazione e sulla manipolazione del governo, ci sono alcune indicazioni che suggeriscono una società dominata dai valori del consumismo.

Uno degli elementi principali che sottolinea la natura consumistica della società nel romanzo è l'attenzione costante data ai beni materiali e al loro valore simbolico. Alex e i suoi compagni di "malavita" sono descritti come appassionati di vestiti di marca, di apparecchi elettronici e di oggetti di lusso. Questa ossessione per il possesso e per l'apparire è un riflesso dei valori consumistici che dominano la società.

Il ruolo della musica popolare e dei media nel romanzo contribuisce a creare un'immagine di una società che valorizza l'intrattenimento e il consumo di massa. La cultura di massa, rappresentata anche attraverso il cinema e la televisione, diventa uno strumento di controllo e di manipolazione delle masse. L'industria culturale si sfrutta della violenza e della devianza di Alex per fini commerciali, trasformandolo in una sorta di celebrità mediatica. Questo evidenzia come la società nel romanzo sia disposta a sfruttare e commercializzare anche gli aspetti più negativi della vita delle persone.

Il concetto di "Arancia Meccanica" stesso può essere interpretato come un riferimento alla meccanizzazione e alla superficialità della società consumistica. L'arancia, che rappresenta un frutto naturale, viene associata a un termine industriale e meccanico, suggerendo un'idea di deumanizzazione e di omologazione.

L'immagine di una società consumistica nel romanzo "Arancia Meccanica" emerge attraverso la narrazione delle ossessioni materialistiche dei personaggi, il ruolo dei media nell'industria culturale e l'associazione della meccanizzazione all'identità sociale. Questo elemento critico sottolinea la natura degradata e superficiale della società in cui Alex e gli altri personaggi si trovano, aggiungendo un ulteriore strato di critica sociale al romanzo.

La rappresentazione del materialismo e della superficialità nella società descritta in "Arancia Meccanica" invita a una riflessione critica sulle conseguenze di tali valori per l'individuo e per la società nel suo complesso.

Il romanzo evidenzia come la società consumistica e materialista presenti nel libro sia priva di autenticità e di significato. Gli individui si concentrano sulla ricerca di beni materiali, sulla gratificazione immediata e sull'apparenza esteriore, trascurando la dimensione più profonda della loro esistenza. Questa mentalità superficiale crea un vuoto emotivo e una mancanza di connessione umana autentica.

In questa società, i valori
fondamentali vengono distorti e la
superficialità prevale sulla ricerca di
significato e di realizzazione
personale. L'ossessione per il
possesso materiale diventa una forma
di adorazione e di identificazione,
portando alla deumanizzazione degli
individui stessi. Il consumismo
diventa un mezzo di manipolazione e
di controllo, in cui la pubblicità e i
media guidano le scelte e i desideri
delle persone.

Questa riflessione critica sulla società
consumistica di "Arancia Meccanica"
invita a considerare le implicazioni
negative del materialismo e della
superficialità sulla nostra vita
moderna. Mettere l'accento
esclusivamente sull'accumulo di beni
materiali e sulla soddisfazione
immediata può portare a un senso di
vuoto, isolamento e alienazione.
L'individuo può finire per perdere di
vista ciò che è veramente importante
nella vita, come le relazioni umane
autentiche, la crescita personale e la
ricerca di significato.

La superficialità della società descritta
nel romanzo solleva interrogativi sulle
conseguenze dell'omologazione e
della mancanza di individualità.
Quando la società si basa
sull'apparenza esteriore e sulla
conformità agli standard imposti, si
rischia di perdere l'autenticità e
l'unicità di ogni individuo.
L'importanza di sviluppare un'identità
individuale e di esprimere la propria
unicità diventa un aspetto cruciale per
contrastare la superficialità e il
conformismo della società
consumistica.

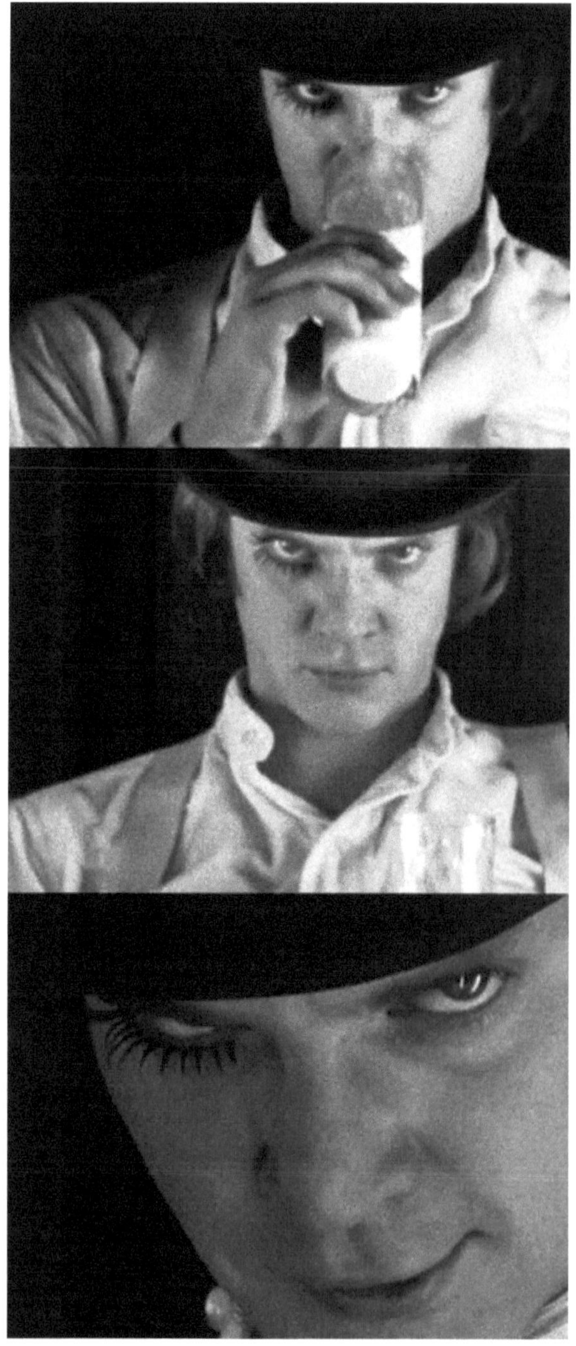

La riflessione sul materialismo e sulla superficialità della società descritta in "Arancia
Meccanica" invita a una critica verso i valori consumistici e ad una maggiore
consapevolezza delle conseguenze negative che possono derivare da una mentalità
orientata solo al possesso e all'apparenza esteriore. Sottolinea l'importanza di coltivare un
senso di autenticità, di ricerca di significato e di connessione umana autentica, andando
oltre le superficiali esigenze materiali per raggiungere una realizzazione più profonda e
soddisfacente.

L'impatto del consumismo sulla identità dei personaggi principali in "Arancia Meccanica"
può essere osservato attraverso una serie di dinamiche e cambiamenti psicologici che si
verificano nel corso della storia.
Innanzitutto, il consumismo influenza l'immagine che i personaggi hanno di sé stessi. Alex
e i suoi compagni di "malavita" sono ossessionati dall'apparenza esteriore e dalla ricerca
di oggetti di lusso. Si identificano con il possesso di beni materiali di valore, che diventano
simboli di status e di successo. L'identità di questi personaggi si basa in gran parte sulla
loro capacità di acquisire e mostrare tali beni, facendo emergere una visione superficiale di
sé stessi e degli altri.

Il consumismo contribuisce a modellare le aspirazioni e le motivazioni dei personaggi. Alex
e i suoi compagni sono attratti dal mondo dei piaceri immediati e dalla gratificazione
materiale. La ricerca di nuovi oggetti e di esperienze stimolanti diventa il motore delle loro
azioni, influenzando le scelte che fanno. L'identità dei personaggi è fortemente
condizionata dalla loro sete di consumismo e dalla loro incapacità di trovare soddisfazione
in qualcosa di più profondo o significativo.

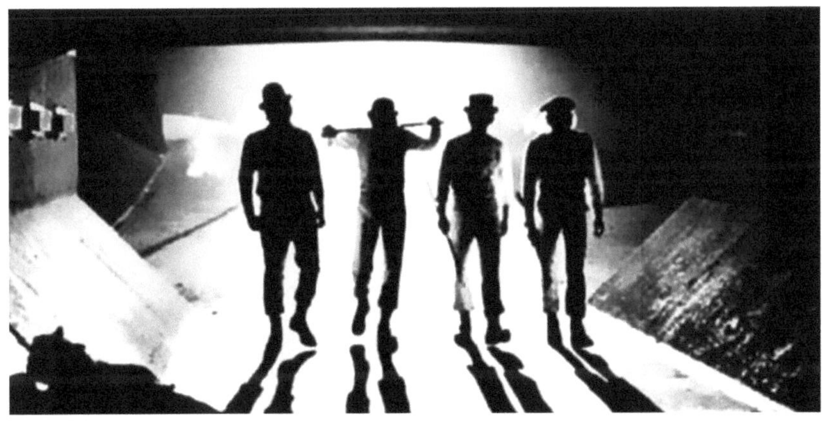

Tuttavia, l'insoddisfazione e la vuotezza derivanti dal consumismo emergono anche nel corso del romanzo. Nonostante il loro accesso ai beni materiali, i personaggi si sentono alienati e senza scopo. L'identità costruita sul consumismo si rivela effimera e incapace di soddisfare i bisogni umani più profondi. Questa frustrazione e disillusione spingono Alex verso una ricerca di significato più profonda e verso un confronto con la sua stessa identità.

Quindi, l'impatto del consumismo sull'identità dei personaggi principali in "Arancia Meccanica" è ambivalente. Da un lato, il consumismo influisce sulla formazione dell'identità superficiale dei personaggi, basata sull'apparenza esteriore e sull'accumulo di beni materiali. Dall'altro lato, il vuoto e l'insoddisfazione derivanti dal consumismo portano alla ricerca di un significato più autentico e alla riflessione sulla vera natura dell'identità.

Il romanzo mette in evidenza gli effetti negativi del consumismo sulla formazione di un'identità genuina e completa. Sottolinea l'importanza di guardare oltre la sfera del consumismo e di cercare una soddisfazione più profonda e autentica che non può essere raggiunta attraverso l'accumulo di beni materiali. Ciò invita a una riflessione critica sul ruolo del consumismo nella nostra società e sulla necessità di trovare una identità basata su valori più significativi e duraturi.

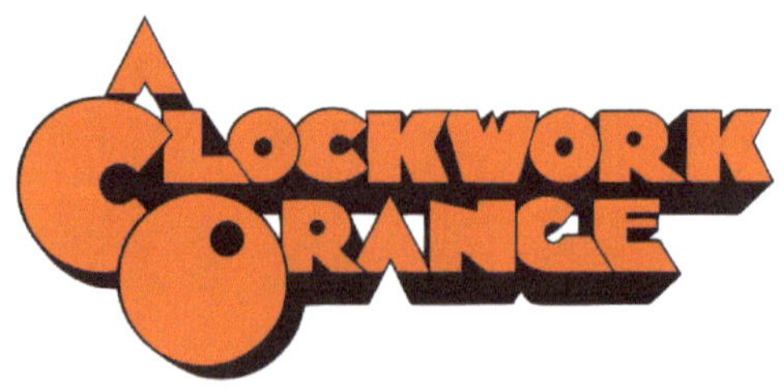

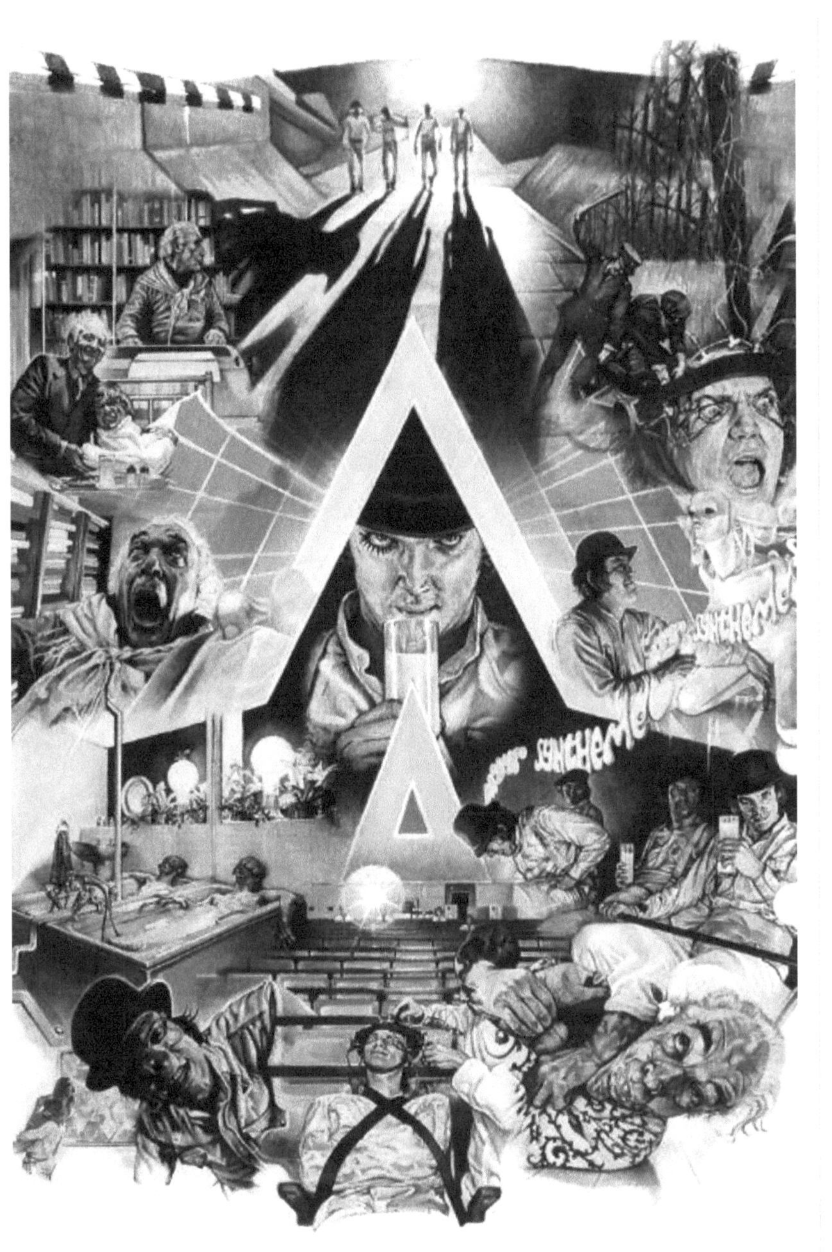

LA RICERCA DELL' IDENTITA' NEL CAOS

Il tema dell'identità nel contesto di "Arancia Meccanica" è centrale nella storia e viene esplorato attraverso le esperienze e le trasformazioni del protagonista, Alex.

All'inizio del romanzo, l'identità di Alex è fortemente legata al suo ruolo di leader carismatico della sua banda di "malavita" e alla sua inclinazione per la violenza. Si identifica come un individuo potente e invincibile, in grado di imporre la sua volontà sugli altri. Tuttavia, questa identità è superficiale e priva di una base solida, basata su un sistema di valori distorto.

Con il passare del tempo, Alex viene sottoposto a un processo di "rieducazione" che cerca di rimuovere la sua inclinazione alla violenza. Durante questo percorso, la sua identità viene messa in discussione e sperimenta un conflitto interno tra la sua natura violenta e la volontà di essere accettato dalla società. Il processo di rieducazione, tuttavia, si rivela inefficace nel modificare veramente la sua identità.

Successivamente, Alex subisce un rovesciamento di fortuna e diventa vittima di coloro che avevano cercato di controllarlo. Questa esperienza lo porta a una riflessione più profonda sulla sua identità e sulla natura della sua esistenza. Si confronta con la sua moralità e con le conseguenze delle sue azioni passate, mettendo in discussione la validità delle sue convinzioni e dei suoi valori.

L'identità di Alex viene ulteriormente messa alla prova quando perde la capacità di compiere violenza a causa di un trattamento medico. Senza la sua abilità di dominio attraverso la violenza, si sente privo di scopo e smarrito nella sua identità. Lui stesso si rende conto che la sua identità precedente era costruita su un fondamento sbagliato e che era in realtà una forma di autodistruzione.

Il tema dell'identità in "Arancia Meccanica" pone una serie di domande riguardo all'autenticità, alla libertà individuale e alla capacità di cambiamento. Il romanzo suggerisce che l'identità non può essere ridotta a un insieme di comportamenti superficiali o di ruoli socialmente imposti. Richiede una profonda introspezione e una riflessione sulle proprie azioni, i propri valori e il senso di responsabilità nei confronti degli altri.

Il romanzo solleva domande sulle basi su cui si costruisce l'identità e sottolinea l'importanza di una riflessione critica e di una comprensione più profonda di sé stessi per raggiungere un'autenticità e una realizzazione personale.

L'evoluzione dell'identità di Alex durante il corso del romanzo "Arancia Meccanica" è caratterizzata da una serie di cambiamenti significativi che influenzano la sua visione di sé stesso e del mondo circostante.

Inizialmente, Alex è presentato come un giovane violento e privo di scrupoli. La sua identità è fortemente legata alla sua capacità di imporre la propria volontà sugli altri attraverso la violenza. Si identifica come un leader carismatico della sua banda e si compiace delle sue azioni malvagie. L'identità di Alex è costruita sulla base di un sistema di valori distorto, in cui la violenza e la sopraffazione sono considerate come segni di potere e di superiorità.

Durante il corso del romanzo, Alex subisce una serie di esperienze che mettono in discussione la sua identità e lo costringono a confrontarsi con la sua natura violenta. Prima attraverso il processo di "rieducazione" e successivamente attraverso il tradimento dei suoi compagni, Alex viene sottoposto a una serie di eventi che minano la sua sicurezza e la sua autostima.

Durante il periodo di rieducazione, Alex sperimenta una profonda crisi di identità. La sua capacità di compiere violenza è ridotta attraverso un trattamento medico, privandolo del suo principale mezzo di espressione. Questo lo rende insicuro e indeciso riguardo al suo ruolo nella società. Alex si ritrova a confrontarsi con la domanda se la sua identità sia davvero legata alla violenza o se può trovare un'altra forma di espressione per se stesso.

Successivamente, quando diventa vittima del tradimento dei suoi compagni, Alex si rende conto della superficialità delle sue relazioni e del fallimento delle sue convinzioni. Questa esperienza lo spinge a riflettere sulla moralità delle sue azioni passate e a mettere in discussione il suo sistema di valori. Alex si trova in uno stato di vulnerabilità e smarrimento, cercando di ricostruire la sua identità su basi più solide e autentiche.

Alla fine del romanzo, l'evoluzione dell'identità di Alex si completa quando si rende conto delle conseguenze delle sue azioni passate e della necessità di una vera redenzione. Si rende conto che la sua identità precedente, basata sulla violenza e sul controllo sugli altri, era distorta e autodistruttiva. L'identità di Alex subisce una trasformazione profonda, in cui cerca di trovare un nuovo significato per la propria vita, lontano dalla violenza e dall'oppressione.

L'evoluzione dell'identità di Alex durante il corso del romanzo "Arancia Meccanica" è caratterizzata da una serie di crisi, riflessioni e cambiamenti profondi. Dalla sua identità iniziale basata sulla violenza e sulla supremazia, Alex attraversa un percorso di trasformazione che lo porta a mettere in discussione le sue convinzioni e a cercare un'autenticità e una redenzione più profonde. Il romanzo mette in evidenza l'importanza di una riflessione critica sulla propria identità e sulla responsabilità delle proprie azioni, sottolineando che l'evoluzione personale può portare a una maggiore comprensione di sé stessi e del mondo circostante.

Il conflitto tra il desiderio di libertà individuale e la necessità di appartenenza è un tema
significativo nel romanzo "Arancia Meccanica". Alex, il protagonista, è costantemente
diviso tra queste due forze opposte.
Da un lato, Alex brama la libertà di esprimere se stesso senza restrizioni. Si considera un
individuo superiore e desidera vivere secondo i propri desideri e impulsi,
indipendentemente dalle norme sociali o morali. La violenza e il dominio sugli altri
diventano per lui una forma di espressione e di affermazione della propria individualità.
Tuttavia, questa ricerca di libertà è distorta e autodistruttiva, in quanto implica il sopraffare
gli altri e negare loro la loro libertà.

Dall'altro lato, Alex ha anche bisogno di appartenere a un gruppo e di essere accettato
dalla società. Inizialmente, il suo senso di appartenenza è soddisfatto attraverso la sua
banda di "malavita", in cui esercita un potere e un controllo sui suoi compagni. Ma quando
viene tradito da loro e sottoposto al processo di rieducazione, perde la sua identità di
leader e si trova alienato dalla società che lo ha emarginato. Questo lo porta a cercare una
nuova forma di appartenenza e di riconoscimento sociale.

Il conflitto tra il desiderio di libertà e la necessità di appartenenza è evidente nella lotta
interiore di Alex. Da un lato, desidera essere libero di agire secondo la sua volontà, senza
restrizioni o giudizi. Dall'altro lato, si sente isolato e privo di un senso di appartenenza,
cercando disperatamente di essere accettato dalla società. Questo conflitto si manifesta
nel suo tentativo di bilanciare la sua individualità ribelle con il desiderio di trovare una
connessione con gli altri.

Il romanzo suggerisce che l'equilibrio tra libertà e appartenenza può essere difficile da
raggiungere. La società rappresentata in "Arancia Meccanica" sembra offrire solo due
opzioni: conformarsi alle norme sociali oppure ribellarsi violentemente ad esse. Entrambe
queste strade portano a una perdita di autenticità e di umanità.

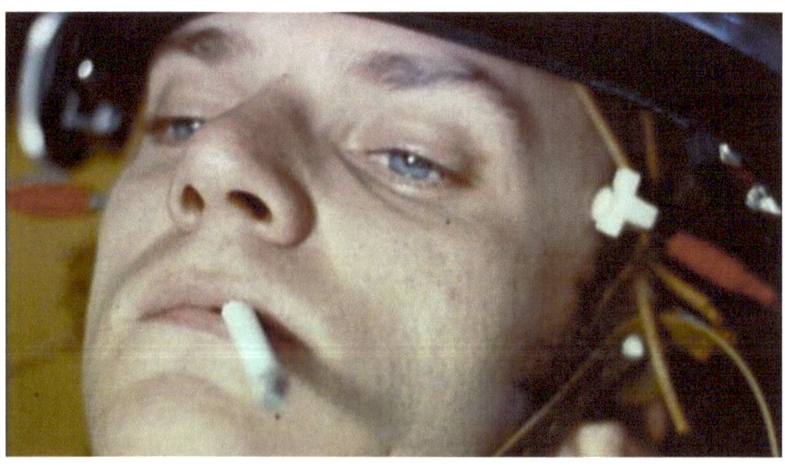

Il conflitto tra il desiderio di libertà e la necessità di appartenenza nel romanzo solleva interrogativi sulla natura della libertà e della identità. Esplora le sfumature complesse della condizione umana e mette in discussione i limiti imposti dalla società sulla libertà individuale. Mentre Alex cerca di trovare un equilibrio tra queste forze opposte, il romanzo pone l'accento sulla necessità di una comprensione più profonda di sé stessi e di una società che sia in grado di accogliere e valorizzare la diversità individuale.

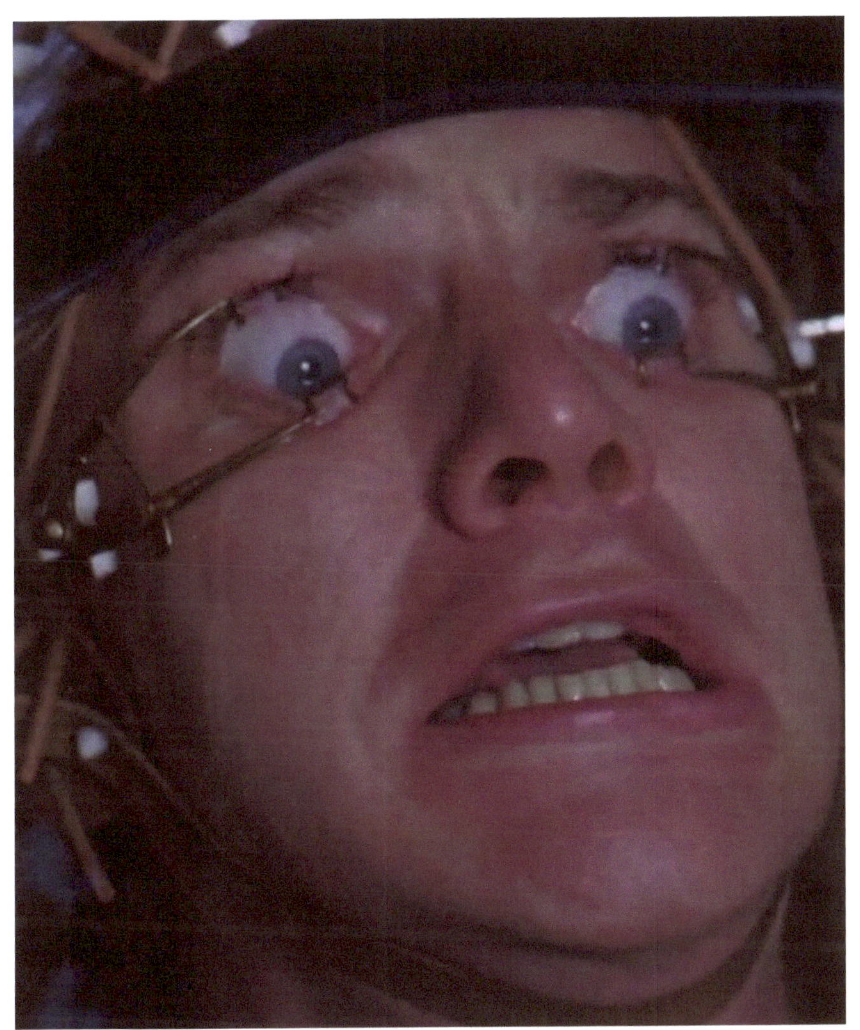

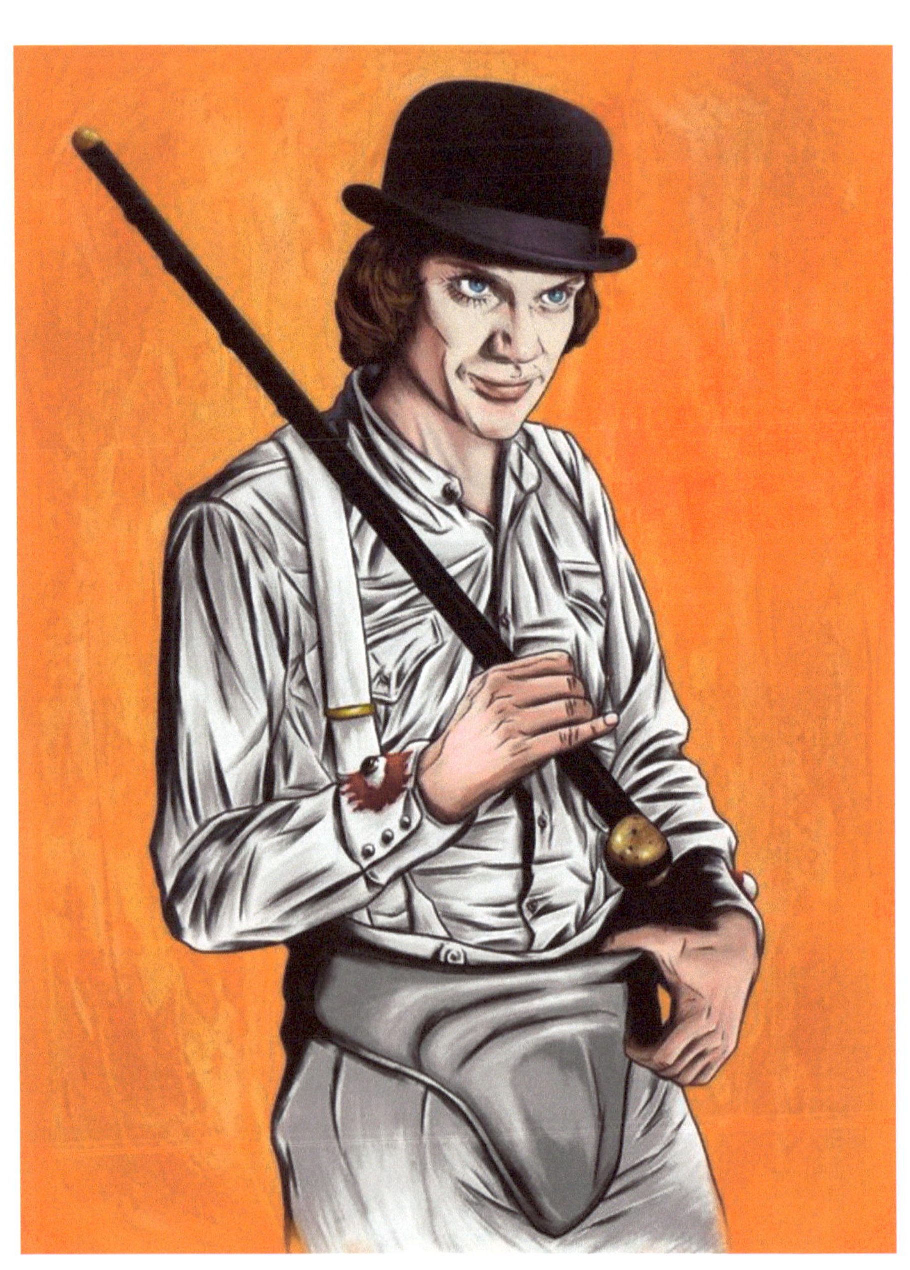

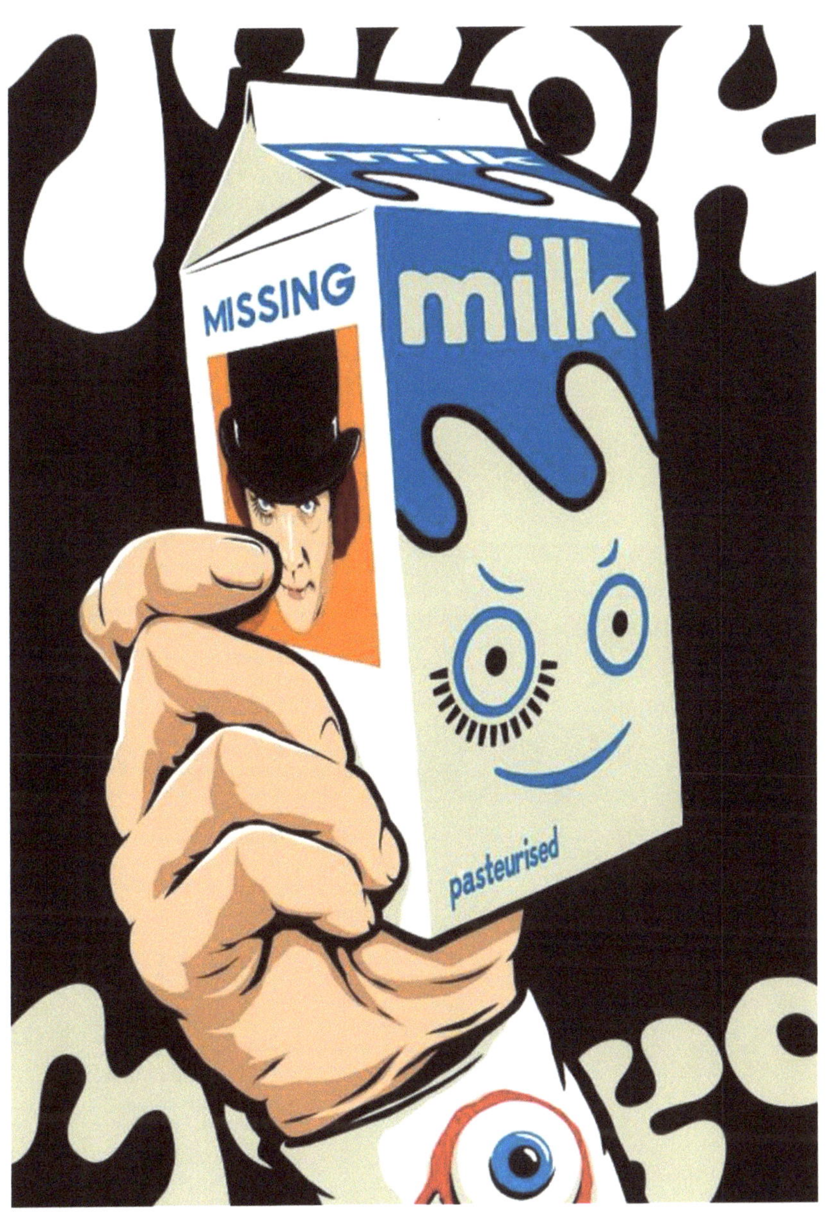

milk
MISSING
milk
pasteurised

CRITICA AL SISTEMA CARCERARIO

La rappresentazione del sistema carcerario nel romanzo "Arancia Meccanica" è una critica spietata e provocatoria dell'apparato di giustizia penale e del suo impatto sulla società.

Nel romanzo, il sistema carcerario è rappresentato come un meccanismo disumano, che punisce e reprime i detenuti senza affrontare le cause profonde della devianza.

La prigione diventa un luogo di degradazione, violenza e manipolazione, in cui le persone vengono sottoposte a un trattamento disumano nel nome della rieducazione e del controllo sociale.

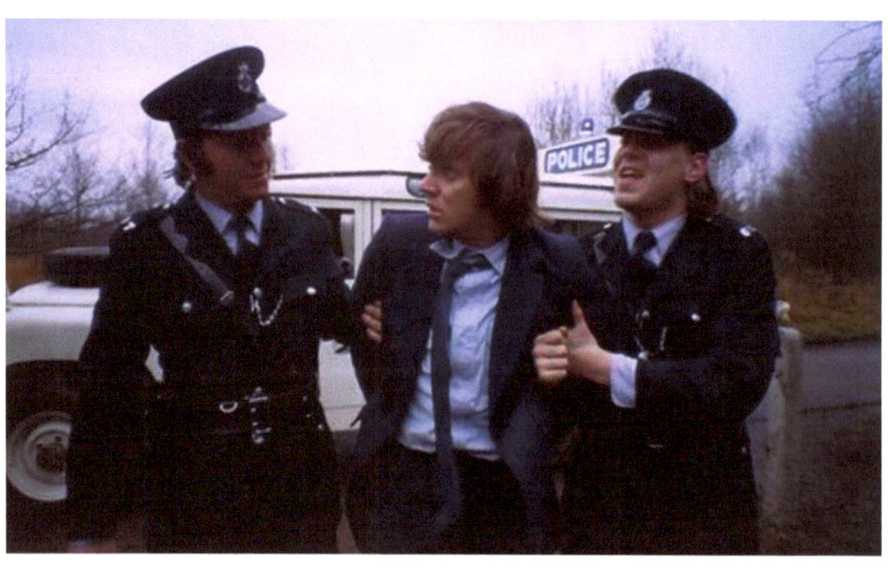

Il personaggio di Alex viene incarcerato dopo essere stato tradito dai suoi compagni. Qui viene sottoposto a un processo di "rieducazione", che prevede l'utilizzo di metodi violenti e coercitivi per privarlo della sua volontà e del suo libero arbitrio. Il sistema carcerario non mira a riabilitare o a reintegrare i detenuti nella società, ma piuttosto a piegarli alla volontà del sistema stesso.

Il romanzo mette in evidenza le ingiustizie e le contraddizioni del sistema carcerario, sottolineando come la punizione e la violenza non portino a una vera trasformazione degli individui, ma piuttosto alla perpetuazione del ciclo di violenza e alienazione. La prigione, anziché essere un luogo di rieducazione, diventa una palestra per il consolidamento delle abilità criminali e la perpetuazione della violenza.

Il sistema carcerario viene anche utilizzato come uno strumento di manipolazione politica. I politici nel romanzo cercano di sfruttare la situazione di Alex e delle sue esperienze carcerarie per perseguire i propri obiettivi personali, utilizzando il sistema penitenziario come uno strumento di potere e controllo.

La rappresentazione del sistema carcerario in "Arancia Meccanica" solleva una serie di questioni sulla giustizia, sulla rieducazione e sul ruolo dello Stato nel trattamento dei criminali. Il romanzo critica il sistema carcerario come un meccanismo che non affronta le radici dei problemi sociali, ma piuttosto perpetua la violenza e l'alienazione. Mette in discussione l'efficacia della punizione e della coercizione come mezzi per il cambiamento e sottolinea la necessità di un approccio più umano ed empatico per affrontare i problemi legati alla devianza e alla criminalità.

La rappresentazione del sistema carcerario invita a una riflessione critica sulle istituzioni di potere e sul loro impatto sulla società, mettendo in discussione l'efficacia della punizione e sottolineando l'importanza di un approccio basato sulla comprensione, sulla rieducazione e sulla ricerca di alternative più umane ed equilibrate.

Il controllo sociale è centrale nel romanzo "Arancia Meccanica" e solleva importanti riflessioni sulle sue conseguenze per l'individuo e per la società nel suo complesso.

Nel romanzo, il controllo sociale è rappresentato attraverso il governo e le istituzioni che cercano di manipolare e condizionare il comportamento delle persone per mantenere l'ordine e il potere. Sia attraverso il sistema carcerario che attraverso la tecnologia, viene esercitato un controllo oppressivo sulla vita delle persone, privandole della loro libertà di scelta e di espressione.

La manipolazione e il controllo sociale hanno conseguenze profonde sulla psicologia e sull'identità degli individui. Alex, il protagonista, è sottoposto a un processo di rieducazione che mira a privarlo della sua natura violenta. Questo controllo coercitivo non solo lo priva della sua libertà, ma ha anche effetti negativi sulla sua psiche, causando una sorta di frattura nella sua identità e portandolo a un senso di alienazione e disorientamento.

La società descritta nel romanzo sembra suggerire che il controllo sociale e la privazione di libertà non portino alla pacificazione o alla stabilità, ma piuttosto a una reazione violenta e al mantenimento di un ciclo di violenza. La società controllante perpetua la stessa violenza che cerca di combattere, diventando essa stessa un agente di oppressione e alienazione.

Il tema del controllo sociale solleva anche questioni etiche e morali riguardo alla limitazione delle libertà individuali. Il romanzo pone l'accento sulla necessità di preservare la libertà individuale e di consentire agli individui di fare scelte autonome, anche se queste scelte possono portare a conseguenze negative. La mancanza di libertà, anche se appare come un tentativo di mantenere l'ordine e la sicurezza sociale, può portare a una perdita di umanità e a una società che diventa meccanica e priva di vitalità.

Il tema del controllo sociale in "Arancia Meccanica" invita a una profonda riflessione sulle conseguenze del controllo coercitivo sulla vita delle persone e sulla società nel suo insieme. Sottolinea la necessità di preservare la libertà individuale e di permettere alle persone di esprimere la propria individualità, anche se questo può comportare rischi e sfide.

Mette in discussione il ruolo del controllo sociale nella creazione di una società giusta e autentica e sottolinea l'importanza di una riflessione critica sulla manipolazione e sulle conseguenze negative del controllo sociale

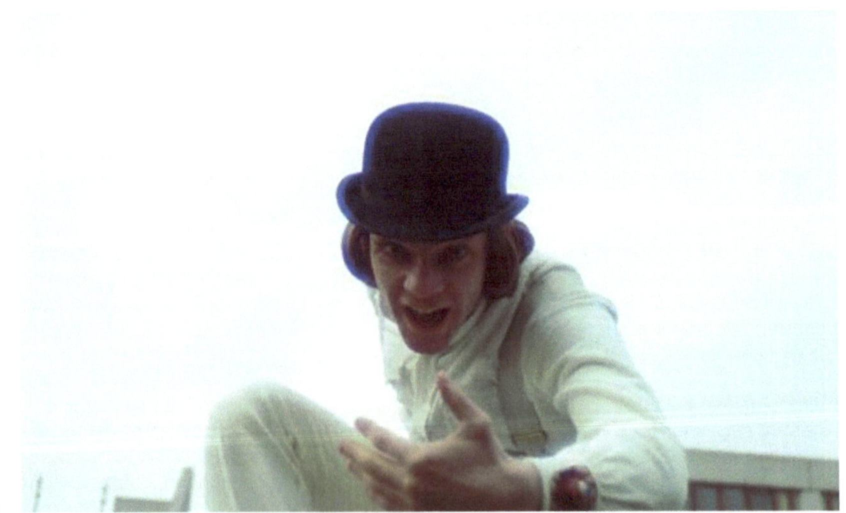

L'ARTE COME MEZZO DI ESPRESSIONE

Nel romanzo "Arancia Meccanica", l'arte gioca un ruolo significativo nella vita di Alex e degli altri personaggi, offrendo una via di fuga e una forma di espressione per affrontare la realtà oppressiva che li circonda.

Per Alex, l'arte, in particolare la musica, ha un impatto profondo sulla sua vita. La musica diventa un mezzo attraverso il quale Alex può sperimentare un senso di potere e libertà. La sua passione per la musica classica, in particolare le composizioni di Beethoven, diventa una fonte di piacere estetico e una fonte di energia per le sue azioni violente. La musica agisce come una sorta di catarsi per Alex, offrendogli una via di sfogo per la sua rabbia e la sua frustrazione repressa.

Anche per gli altri personaggi del romanzo, l'arte svolge un ruolo importante. Ad esempio, i compagni di Alex nella sua banda di "malavita" usano il trucco e i costumi teatrali per creare una maschera di identità e di potere. Questo loro utilizzo dell'arte li aiuta a sviluppare un senso di appartenenza e di forza collettiva.

L'uso dell'arte da parte di Alex e dei suoi compagni viene associato alla violenza e alla devianza, sottolineando la corruzione che può derivare dalla mancanza di equilibrio e responsabilità nell'espressione artistica.

Il romanzo suggerisce che l'arte può essere manipolata e utilizzata come strumento di controllo sociale. Il governo nel romanzo utilizza la musica come parte del processo di rieducazione di Alex, cercando di associare la sua passione per la musica classica con sentimenti di nausea e disgusto. In questo modo, l'arte diventa una forma di manipolazione per plasmare il comportamento e le reazioni degli individui.

Da un lato, offre ai personaggi una via di fuga e un mezzo di espressione per affrontare la realtà oppressiva. Dall'altro lato, l'uso distorto e manipolativo dell'arte evidenzia le ambiguità e le contraddizioni che possono sorgere quando l'arte viene utilizzata come strumento di potere e controllo.

L'arte, intesa come forma di espressione creativa, offre un canale attraverso il quale le emozioni e le idee possono trovare un'outlet positivo. Può essere un mezzo per esplorare la complessità umana, per condividere un messaggio, per suscitare empatia e comprensione. L'arte può anche agire come una forza di cambiamento sociale, sfidando le convenzioni e portando avanti idee nuove e innovative.

D'altro canto, la violenza come mezzo di espressione nel romanzo è rappresentata come un'energia distruttiva, caotica e disumanizzante. La violenza di Alex e dei suoi compagni è priva di scopo o significato profondo, ma è un'espressione di potere e di dominio. La violenza nel romanzo rappresenta una forma estrema di alienazione e distruzione, che perpetua un ciclo di violenza senza fine.

Il confronto tra l'arte e la violenza nel romanzo solleva domande sulla natura dell'espressione umana e sul ruolo che essa gioca nella società. L'arte offre un mezzo per esprimere le emozioni e le idee in modi costruttivi, che possono portare alla comprensione e al cambiamento. D'altro canto, la violenza come forma di espressione è autodistruttiva e distruttiva per gli altri, portando a un aumento del caos e della sofferenza.

Il romanzo sembra suggerire che l'arte, quando utilizzata in modo responsabile e autentico, può essere un mezzo per superare la violenza e l'alienazione. L'arte può offrire una via di fuga dalla realtà oppressiva e permettere agli individui di esplorare la propria umanità in modo profondo e significativo.

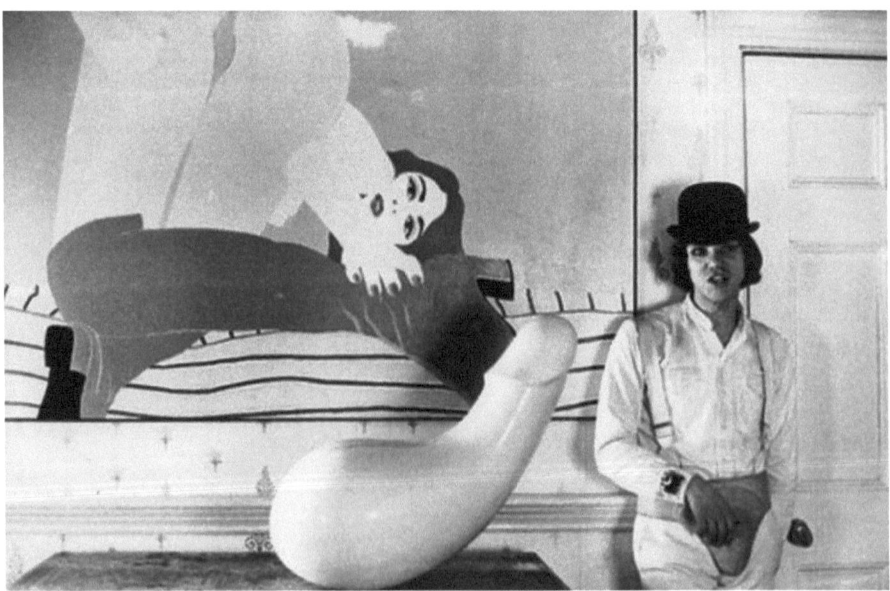

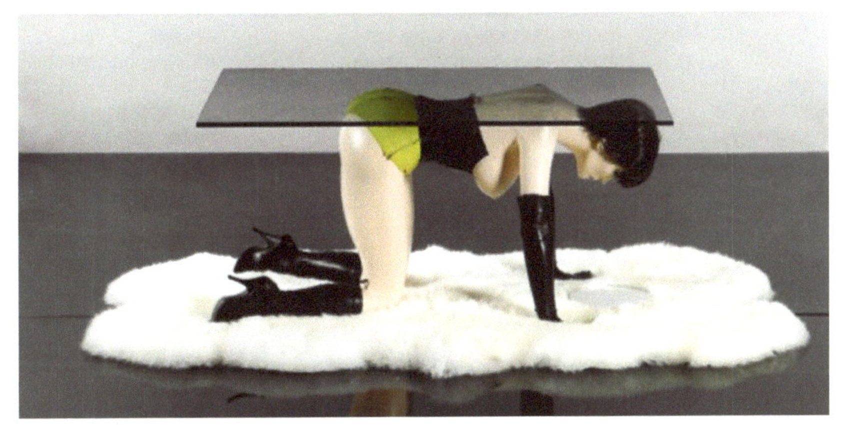

Allen Jones, table

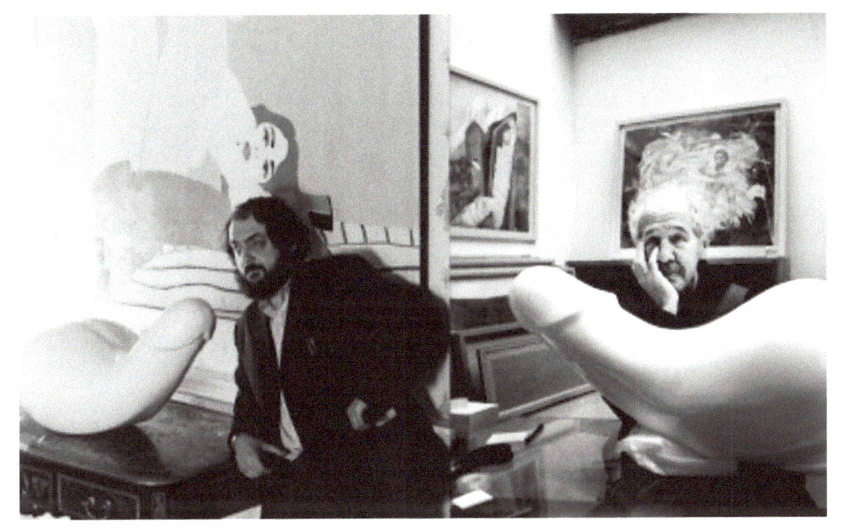

A sinistra Kubrick sul set, a destra Herman Makkin, Rocking Machine, 1970

L'arte offre la possibilità di esprimere l'individualità e di promuovere la comprensione e il cambiamento, mentre la violenza porta solo a un ciclo infinito di alienazione e violenza. L'apparizione iniziale degli arredi del Korova Milk Bar rappresenta un elemento significativo nel contesto di "Arancia Meccanica".

Questo locale, frequentato da Alex e i suoi "Drughi", ha una forte connotazione visiva e simbolica, e le sue caratteristiche sono spesso interpretate come un'espressione dell'alienazione e della violenza presenti nel romanzo.

La menzione delle sculture di Allen Jones, in particolare "Chair" e "Table", può offrire un ulteriore contesto visivo per comprendere il design del Korova Milk Bar.
Le opere di Jones sono spesso caratterizzate da figure umane stilizzate e provocatorie, che possono essere interpretate come un commento sulla sessualità e sulla violenza nella società.

Questo richiamo visivo potrebbe suggerire una connessione tra le opere di Jones e l'atmosfera disturbante del Korova Milk Bar, che riflette una visione distorta e degradante della società nel romanzo.

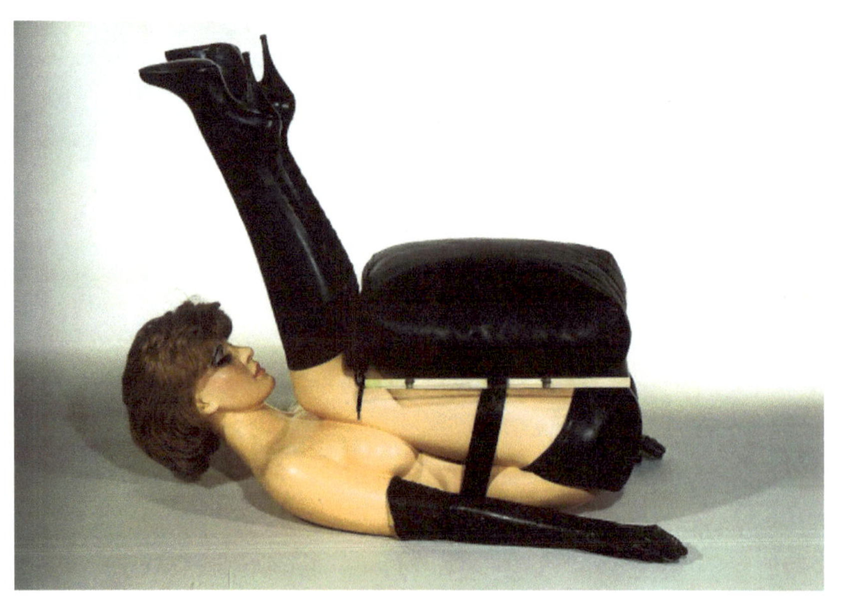

Allen Jones, chair

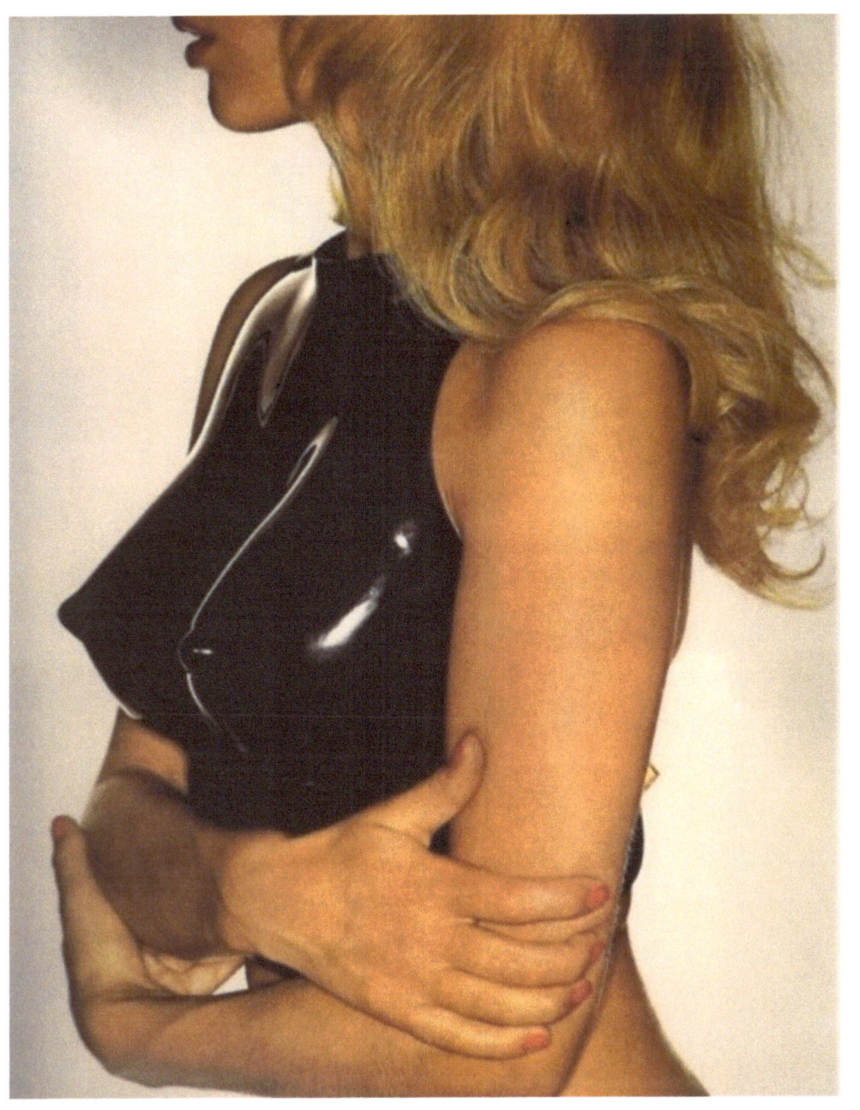

Allen Jones, calendario Prirelli, 1971

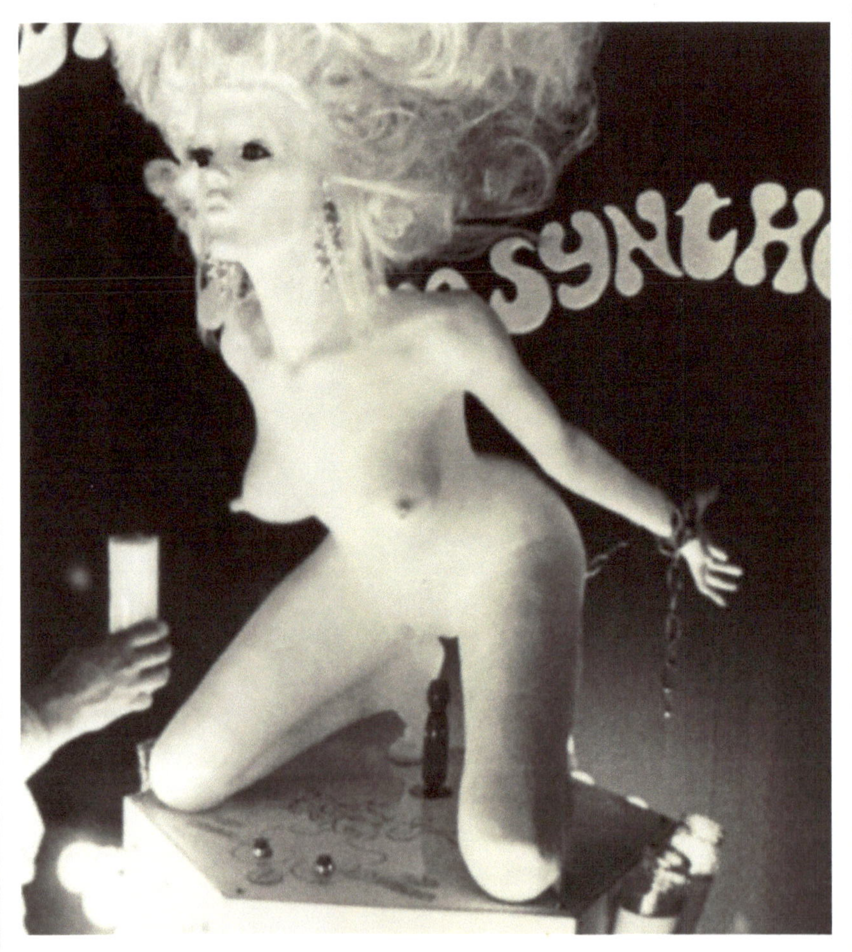

Il dispenser del Korova Milk bar

NIETZSCHE NEL ROMANZO

Friedrich Nietzsche è considerato uno dei filosofi più influenti e controversi della storia. Nato in Germania nel 1844, Nietzsche ha sviluppato una serie di idee che hanno avuto un impatto significativo sulla filosofia, la cultura e il pensiero contemporaneo.

Uno dei concetti centrali del pensiero di Nietzsche è quello della "volontà di potenza". Secondo Nietzsche, la volontà di potenza è l'energia primordiale che permea l'universo e si manifesta in tutte le forme di vita. La volontà di potenza è un impulso vitale che spinge gli individui a cercare il potere, il dominio e l'affermazione di sé. Nietzsche sostiene che la volontà di potenza sia alla base di ogni azione umana e che la sua negazione o soppressione porti alla negazione dell'essenza stessa della vita.

Un altro tema fondamentale nel pensiero di Nietzsche è la critica della morale tradizionale e dei valori cristiani. Nietzsche sostiene che la moralità tradizionale, basata su concetti come il bene e il male, sia il risultato di una visione debole e repressiva della vita. Egli sostiene che la moralità tradizionale neghi la realtà del mondo come una fonte di conflitto, desiderio e potere, e promuova invece una visione idealizzata e distorta della realtà. Nietzsche è anche noto per la sua critica del concetto di "superuomo" o "oltreuomo". L'oltreuomo rappresenta l'individuo che ha superato le limitazioni imposte dalla morale tradizionale e si è elevato al di sopra delle convenzioni sociali. L'oltreuomo è colui che abbraccia la sua volontà di potenza e crea i propri valori in modo autonomo, al di là delle influenze esterne.

Nietzsche ha sviluppato il concetto di "eterno ritorno", secondo il quale l'universo si ripete infinitamente in un ciclo eterno. Questo concetto pone l'accento sull'accettazione della vita nella sua totalità, compresi i suoi aspetti più dolorosi e difficili. L'eterno ritorno invita gli individui a vivere ogni momento come se dovesse ripetersi infinite volte, attribuendo così un significato e un valore profondo all'esistenza.

Le idee di Nietzsche hanno suscitato un ampio dibattito e sono state interpretate in modi diversi nel corso degli anni. Il suo pensiero ha influenzato una vasta gamma di discipline, tra cui la filosofia, la psicologia, la letteratura e la teoria politica, e ha contribuito a sfidare le concezioni tradizionali della morale, della religione e dell'identità umana.

Nel romanzo "Arancia Meccanica" di Anthony Burgess, è possibile individuare l'influenza delle idee di Friedrich Nietzsche sia nella trama che nei personaggi.

Una delle influenze più evidenti di Nietzsche si manifesta nella concezione della volontà di potenza. Alex, il protagonista del romanzo, è un personaggio che cerca il potere e l'affermazione di sé attraverso la violenza. La sua volontà di potenza si esprime attraverso il desiderio di dominio sugli altri, la ricerca di esperienze estreme e la tendenza a infrangere le convenzioni sociali. Questo richiama l'idea di Nietzsche che la volontà di potenza sia alla base dell'agire umano.

La critica di Nietzsche alla moralità tradizionale e ai valori convenzionali si riflette nella rappresentazione di Alex e della sua banda di "malavita". Essi si oppongono apertamente alle norme sociali e abbracciano un'etica dell'autogratificazione e del piacere individuale. La loro sfida alla moralità tradizionale e il loro rifiuto di valori morali preconfezionati sono in linea con la critica nietzscheana alla morale convenzionale.

Nel romanzo, si può anche individuare un richiamo all'idea di Nietzsche dell'oltreuomo. Alex, con la sua personalità dominante e il suo atteggiamento ribelle, incarna in parte l'idea di superamento delle limitazioni morali e sociali. Tuttavia, a differenza dell'oltreuomo nietzscheano che crea i propri valori, Alex rimane intrappolato in una spirale di violenza e autodistruzione, suggerendo che la volontà di potenza senza una guida etica può portare a un'alienazione e a una degenerazione dell'individuo.

L' eterno ritorno, sebbene non sia esplicitamente menzionato nel romanzo, può essere interpretato come un elemento implicito nella trama. L'eterno ritorno, con il suo richiamo ad accettare la totalità dell'esistenza, potrebbe essere collegato alla natura ciclica e ripetitiva degli eventi nel romanzo, che sembrano condannare i personaggi a una sorte inesorabile.

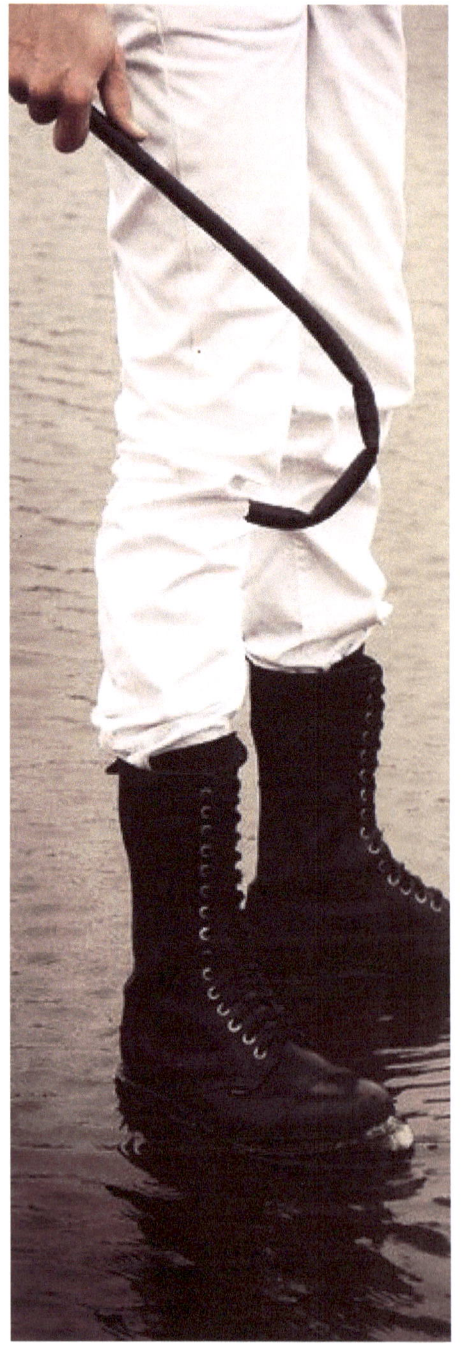

L' influenza di Nietzsche nel romanzo "Arancia Meccanica" si manifesta attraverso la rappresentazione della volontà di potenza, la critica della moralità tradizionale, l'idea dell'oltreuomo e, implicitamente, l'eterno ritorno. Questi elementi contribuiscono a delineare una visione distorta e oscura dell'identità umana e della società, in linea con le tematiche centrali del pensiero di Nietzsche.

Le tematiche del superuomo e dell'eterna ricorrenza sono elementi centrali della filosofia di Friedrich Nietzsche e suscitano un'ampia discussione e interpretazione nel contesto del suo pensiero e nella loro applicazione al romanzo "Arancia Meccanica" di Anthony Burgess.

Il concetto di superuomo, o oltreuomo, rappresenta un individuo che ha superato le limitazioni imposte dalla morale tradizionale e si è elevato al di sopra delle convenzioni sociali. L'oltreuomo è colui che abbraccia la sua volontà di potenza e crea i propri valori in modo autonomo, al di là delle influenze esterne. Nel romanzo, il personaggio di Alex può essere considerato una rappresentazione distorta dell'oltreuomo. Egli cerca il potere e l'affermazione di sé attraverso la violenza, sfidando le norme sociali. Tuttavia, l'interpretazione di Alex come vero superuomo è problematica, poiché la sua volontà di potenza è in gran parte autodistruttiva e priva di una guida etica. In questo modo, Burgess sembra mettere in discussione il concetto di superuomo di Nietzsche, suggerendo che la volontà di potenza senza una guida etica può portare a conseguenze negative.

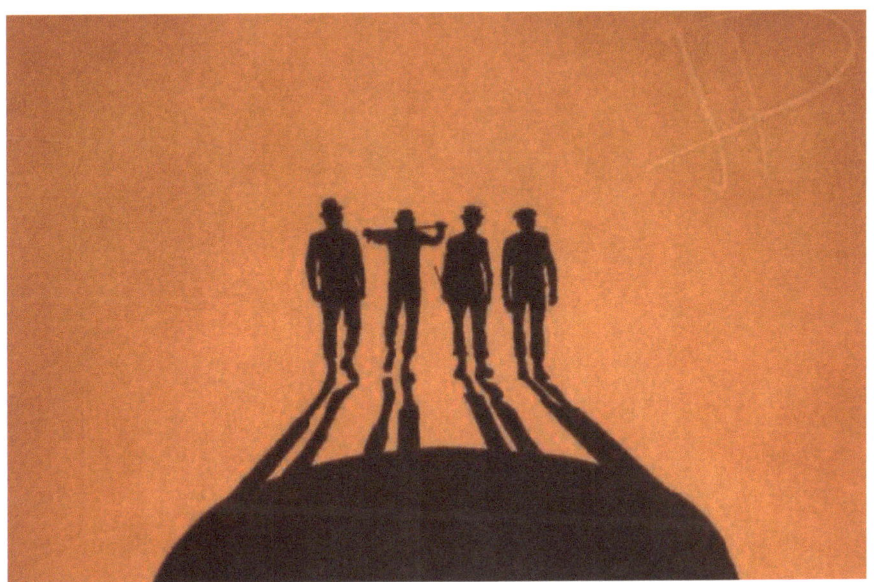

L'eterna ricorrenza, un altro concetto chiave nel pensiero di Nietzsche, implica l'idea che l'universo si ripeta ciclicamente in un ciclo eterno. Questo concetto pone l'accento sull'accettazione della vita nella sua totalità, compresi i suoi aspetti più dolorosi e difficili. Tuttavia, nel romanzo "Arancia Meccanica", l'eterna ricorrenza non è esplicitamente menzionata. Nonostante ciò, si può argomentare che la natura ciclica e ripetitiva degli eventi nel romanzo suggerisce una sorta di eterna ricorrenza. Alex e i suoi compagni sembrano essere intrappolati in un ciclo di violenza e autodistruzione, senza una reale possibilità di cambiamento o progresso. Questa rappresentazione può essere interpretata come una riflessione sul senso di impotenza e disperazione che può derivare dall'idea di un'eterna ricorrenza.

In conclusione, le tematiche del superuomo e dell'eterna ricorrenza sollevano importanti questioni filosofiche nel contesto del romanzo "Arancia Meccanica". Mentre il personaggio di Alex può essere visto come una rappresentazione distorta del superuomo, l'assenza esplicita dell'eterna ricorrenza nel romanzo non impedisce di cogliere una sorta di ciclicità nella vita dei personaggi. Queste tematiche contribuiscono a creare un senso di disperazione e interrogazione sulla natura dell'identità e del destino umano.

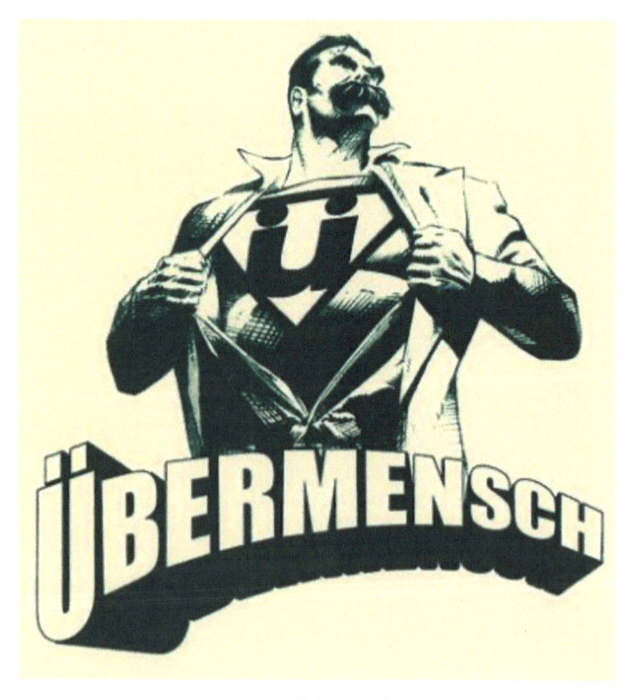

IL MESSAGGIO

Il romanzo "Arancia Meccanica" di Anthony Burgess affronta numerose tematiche e punti chiave che suscitano riflessioni profonde.

Di seguito è riassunto un elenco delle principali tematiche e punti chiave trattati nel libro:

1. Violenza: Il romanzo esplora il tema della violenza attraverso le azioni del protagonista, Alex, e della sua banda di "malavita". Viene posta l'attenzione sulle origini, le motivazioni e le conseguenze della violenza nella società.
2. Libero arbitrio e determinismo: Viene esaminato il concetto del libero arbitrio e la sua coesistenza con le influenze esterne e le circostanze sociali che possono influenzare le scelte e le azioni degli individui.
3. Controllo sociale e manipolazione: Il romanzo mette in evidenza la manipolazione da parte del governo e della società nel tentativo di controllare e modellare il comportamento degli individui, sollevando interrogativi sulla libertà individuale e sulla responsabilità.
4. Identità e appartenenza: Si affronta il conflitto tra il desiderio di libertà e l'esigenza di appartenenza sociale. I personaggi cercano di definire la propria identità all'interno di una società oppressiva e conformista.
5. Critica alla società consumistica: Viene analizzata la società consumistica e superficiale descritta nel romanzo, mettendo in discussione il materialismo e la superficialità delle persone.
6. Filosofia di Friedrich Nietzsche: Sono presenti riferimenti e influenze della filosofia di Nietzsche nel romanzo, come la volontà di potenza, il concetto di superuomo e l'eterna ricorrenza. Questi elementi contribuiscono a esplorare la natura umana e le sue possibilità.
7. Ruolo della musica: La musica svolge un ruolo significativo nella vita di Alex e degli altri personaggi, influenzando le loro emozioni, comportamenti e la manipolazione del loro stato mentale.
8. Identità individuale e ribellione: L'importanza dell'identità individuale e della ribellione contro la conformità sociale e le restrizioni imposte sono tematiche centrali del romanzo.
9. Materialismo e alienazione: Il romanzo riflette sul materialismo e l'alienazione che possono derivare da una società in cui i valori materiali e superficiali prevalgono sulle relazioni umane autentiche.
10. Responsabilità individuale: Si esplora il concetto di responsabilità individuale e la scelta delle azioni in un contesto in cui il libero arbitrio e le influenze esterne si intrecciano.

Queste tematiche e punti chiave si intrecciano nel corso del romanzo, offrendo una visione critica e provocatoria della società e dell'individuo.

Il messaggio centrale del romanzo "Arancia Meccanica" di Anthony Burgess è un invito a riflettere sulla natura umana, sul controllo sociale e sulla libertà individuale. Esso solleva importanti questioni sulla violenza, la manipolazione e la perdita dell'identità in una società oppressiva e consumistica.

La rilevanza di questo messaggio nel contesto attuale è evidente. Viviamo in un'epoca in cui si discute ampiamente delle dinamiche di potere, del controllo sociale e dell'alienazione individuale. Il romanzo pone l'accento sul pericolo di una società che limita la libertà individuale a favore di un controllo sociale rigido e di una cultura superficiale basata sul consumismo. Queste tematiche sono ancora attuali e suscitano dibattiti sul ruolo delle istituzioni, della tecnologia e dei media nella nostra società.

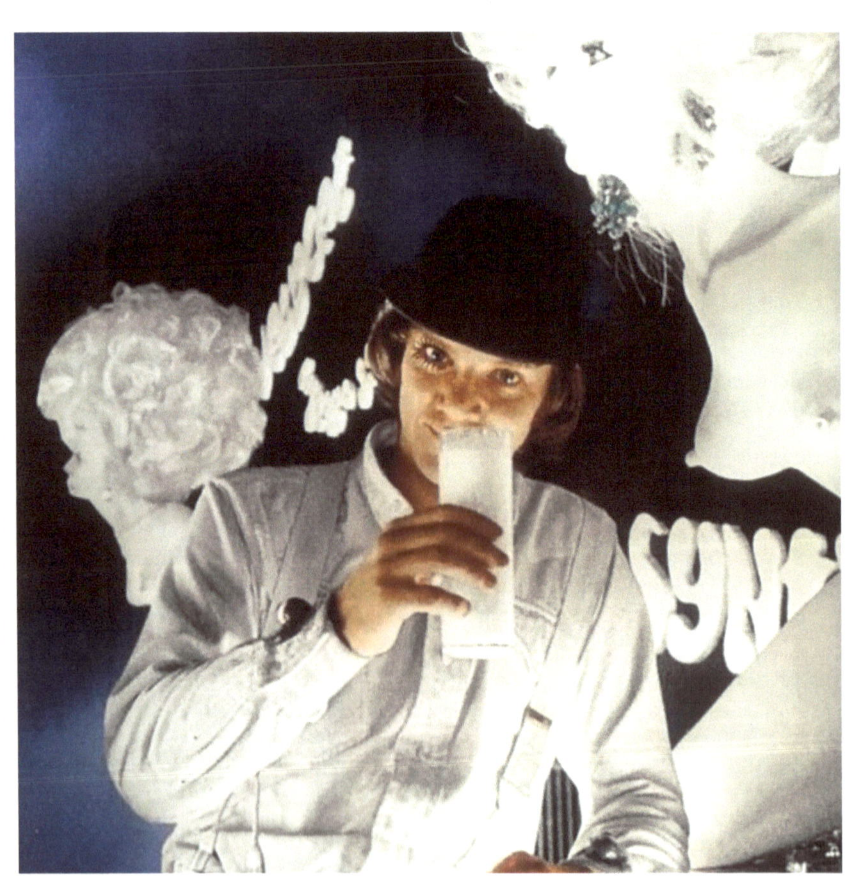

Il romanzo solleva la questione del libero arbitrio e della responsabilità individuale. Nel contesto di una società in cui le influenze esterne possono plasmare il comportamento e le scelte delle persone, è importante considerare fino a che punto ognuno di noi possa effettivamente prendere decisioni autonome e assumersi la responsabilità delle proprie azioni.

Esso pone interrogativi sulla possibilità di cambiamento e di crescita personale, evidenziando la complessità dell'identità e la necessità di cercare un equilibrio tra libertà individuale e il desiderio di appartenenza sociale.

Il messaggio centrale di "Arancia Meccanica" rimane rilevante nel contesto attuale, spingendoci a riflettere sulle dinamiche sociali, sull'importanza dell'individuo e sulla nostra capacità di scelta e responsabilità. Il romanzo ci invita a interrogarci sulla nostra società e sulle conseguenze delle azioni individuali e collettive, stimolando un dibattito significativo sulle questioni etiche, morali e filosofiche che ancora ci riguardano.

"Arancia Meccanica" offre una riflessione profonda sulla filosofia e sull'identità umana. Il romanzo esplora il concetto di libero arbitrio, la natura ambigua della violenza e l'interplay tra individuo e società. Le tematiche filosofiche presenti nel libro, come il superuomo di Nietzsche e la filosofia di Aleister Crowley, si intrecciano con la narrazione per creare un contesto complesso e stimolante.

Una delle considerazioni principali riguarda l'interconnessione tra la filosofia e l'identità individuale. I personaggi del romanzo cercano di definire la propria identità in un mondo pieno di influenze esterne e di regole sociali oppressive. La filosofia, in questo contesto, diventa uno strumento per cercare di comprendere se stessi e trovare un senso di scopo e significato nella propria vita. Tuttavia, la filosofia può anche diventare un'arma di manipolazione nelle mani di coloro che cercano di controllare gli individui.

Un altro aspetto importante riguarda la questione dell'identità in una società consumistica. Il romanzo mette in evidenza come il materialismo e la superficialità possano influenzare la percezione di sé stessi e la ricerca di un'autentica identità. I personaggi del romanzo si ritrovano ad adottare maschere sociali, cercando di adattarsi ai modelli imposti dalla società. Questo solleva interrogativi sulla natura autentica dell'identità e sulla possibilità di essere veramente se stessi in un ambiente così influenzato dal consumismo e dalle apparenze.

Il romanzo invita a una riflessione sul potere della scelta individuale e sulla responsabilità delle nostre azioni. Nonostante le influenze esterne e le pressioni sociali, i personaggi del romanzo devono confrontarsi con la propria coscienza e decidere come agire. Questo solleva interrogativi sulla libertà individuale, sulla moralità delle nostre azioni e sulla responsabilità che abbiamo verso noi stessi e verso gli altri.

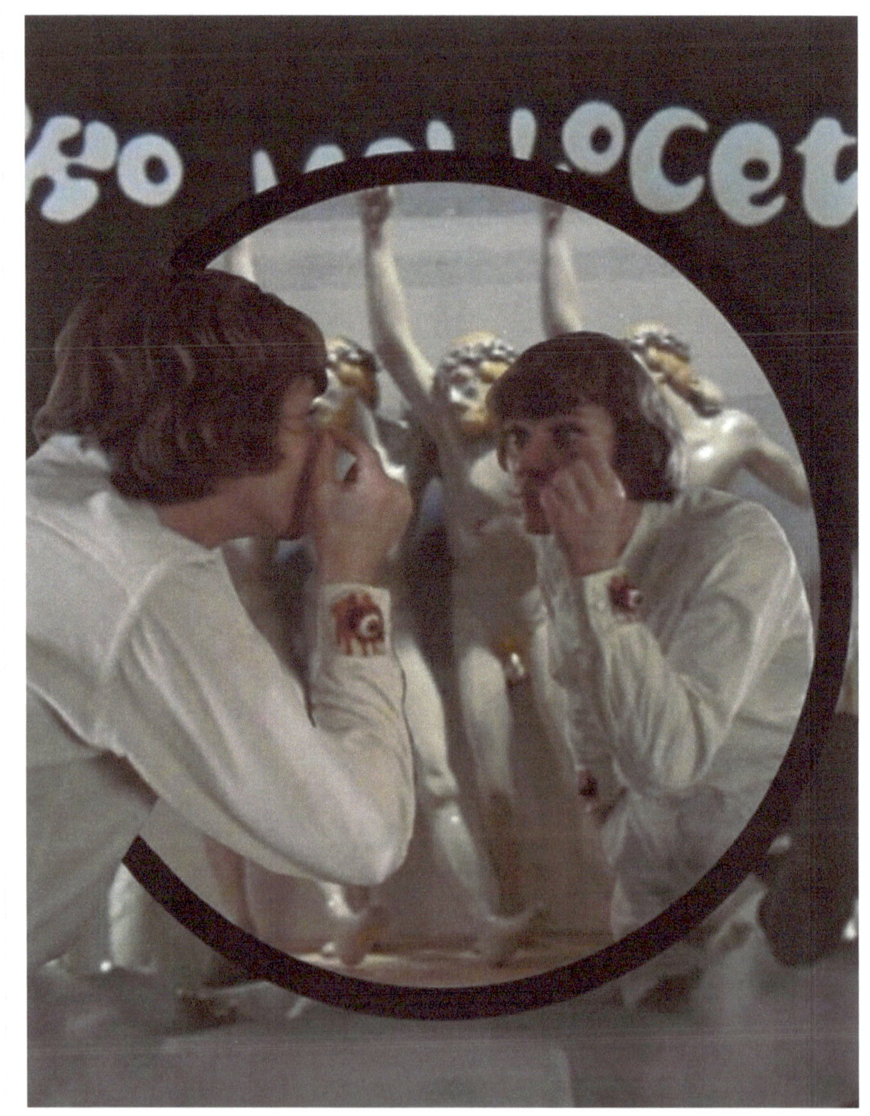

CURIOSITA' MECCANICA

L'impegno dell'attore Malcom McDowell nel portare avanti la sua interpretazione di Alex è un esempio della dedizione e della passione che ha caratterizzato la realizzazione del film. Nonostante l'incidente durante le riprese della scena nel cinema, McDowell ha continuato a lavorare, dimostrando una notevole resistenza e determinazione nel completare il suo ruolo.

Il titolo "Arancia Meccanica", secondo Burgess stesso, fa riferimento alla trasformazione di qualcosa di organico e vivente in una macchina o automa. Nel contesto del film, questo fa eco al destino di Alex, in cui il suo libero arbitrio viene annullato attraverso il trattamento sperimentale della cura Ludovico. Questo tema centrale riflette la preoccupazione di Burgess nei confronti dell'individuo che perde la propria autonomia e viene condizionato dal potere e dalla manipolazione della società.

Dopo l'uscita del film, si è verificato un fenomeno di imitazione da parte di alcuni gruppi di giovani che si vestivano come i drughi del film e commettevano crimini, specialmente nella zona di Londra. Questo fenomeno evidenzia il potere dell'imitazione e l'influenza dei media nell'ispirare comportamenti violenti o devianti.
Un aspetto interessante del romanzo è l'utilizzo del linguaggio "Nadsat", una lingua artistica inventata da Burgess. Questa lingua è una combinazione di inglese con l'aggiunta di parole russe e altre parole inventate dall'autore. L'uso del Nadsat contribuisce a creare un'atmosfera unica nel romanzo, sottolineando l'alienazione e la distanza tra i giovani protagonisti e la società circostante.

La scena dello stupro della moglie dello scrittore, presente sia nel romanzo che nel film, è stata ispirata da un evento tragico nella vita di Burgess. La sua fidanzata fu vittima di un brutale attacco da parte di un gruppo di soldati americani ubriachi. Questo evento personale ha probabilmente influenzato la sua scrittura, portando a una rappresentazione cruda e intensa della violenza sessuale nel romanzo.

Questi dettagli aggiuntivi aggiungono ulteriore profondità e complessità al contesto del romanzo e al processo creativo che ha portato alla realizzazione del film. Ci mostrano l'entusiasmo dell'attore, il potere dell'imitazione, l'uso di una lingua inventata per enfatizzare l'alienazione e la tragedia personale che ha influenzato la scrittura di Burgess.
Tali elementi contribuiscono a rendere "Arancia Meccanica" un'opera complessa, controversa e ancora rilevante nella sua esplorazione delle tematiche sociali, filosofiche e identitarie.

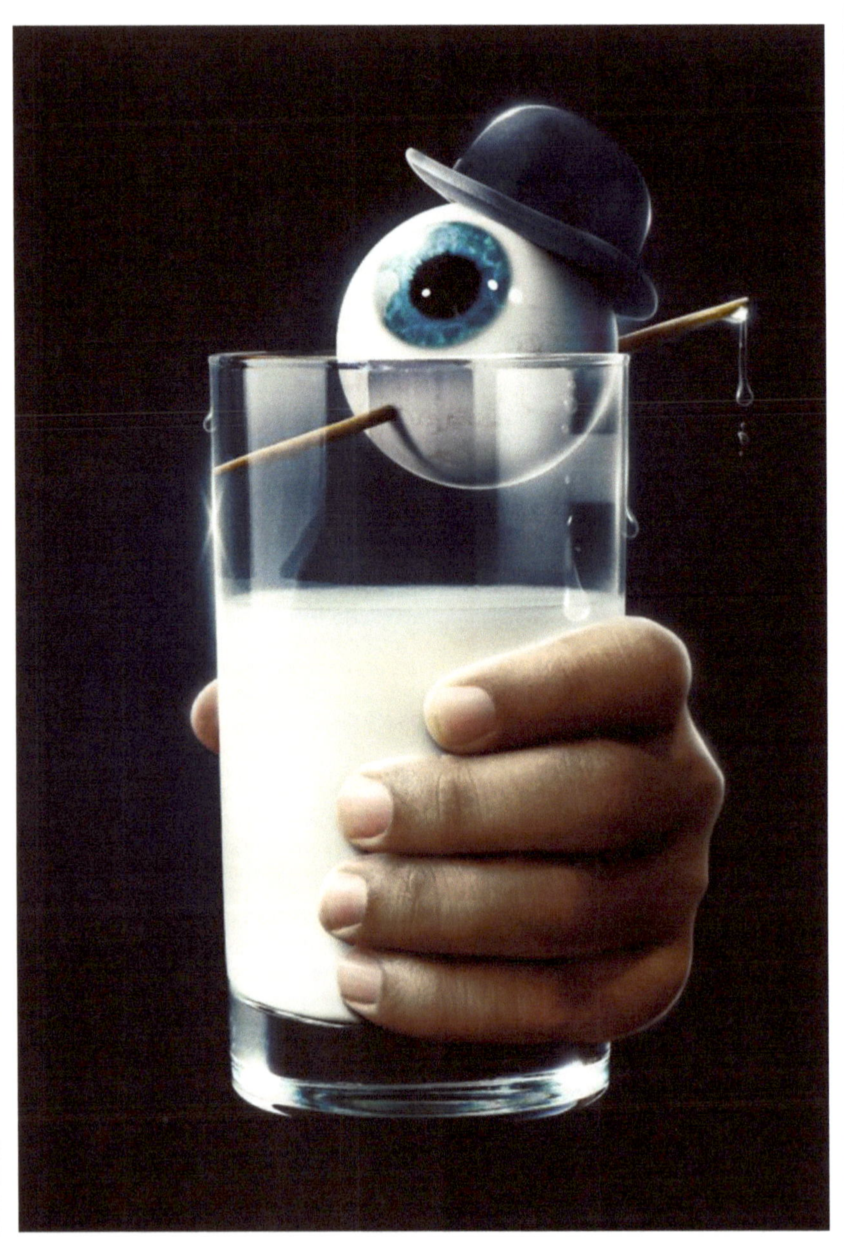